utb 4843

Eine Arbeitsgemeinschaft der Verlage

Böhlau Verlag · Wien · Köln · Weimar
Verlag Barbara Budrich · Opladen · Toronto
facultas · Wien
Wilhelm Fink · Paderborn
Narr Francke Attempto Verlag / expert verlag · Tübingen
Haupt Verlag · Bern
Verlag Julius Klinkhardt · Bad Heilbrunn
Mohr Siebeck · Tübingen
Ernst Reinhardt Verlag · München
Ferdinand Schöningh · Paderborn
transcript Verlag · Bielefeld
Eugen Ulmer Verlag · Stuttgart
UVK Verlag · München
Vandenhoeck & Ruprecht · Göttingen
Waxmann · Münster · New York
wbv Publikation · Bielefeld
Wochenschau Verlag · Frankfurt am Main

Schreiben im Studium

herausgegeben von
Swantje Lahm

Bd. 5

Friederike Neumann

Schreiben im Geschichtsstudium

2., vollständig aktualisierte Auflage

Verlag Barbara Budrich
Opladen & Toronto 2021

Die Autorin:
Dr. phil. Friederike Neumann lehrt und arbeitet in der Abteilung Geschichtswissenschaft der Universität Bielefeld. In den Jahren 2012–2020 war sie ebenda am Projekt „richtig einsteigen mit literalen Kompetenzen" beteiligt, das im Rahmen des Qualitätspakts Lehre vom BMBF finanziert wurde.

Bibliografische Information der Deutschen Nationalbibliothek
Die Deutsche Nationalbibliothek verzeichnet diese Publikation in der Deutschen Nationalbibliografie; detaillierte bibliografische Daten sind im Internet über http://dnb.d-nb.de abrufbar.

Gedruckt auf säurefreiem und alterungsbeständigem Papier.

www.budrich.de

utb-Bandnr. **4843**
utb-ISBN **978-3-8252-5636-4**
utb-e-ISBN **978-3-8385-5636-9**

Online-Angebote oder elektronische Ausgaben sind erhältlich unter www.utb-shop.de.

Satz: Ulrike Weingärtner, Gründau – info@textakzente.de
Umschlaggestaltung: Atelier Reichert, Stuttgart
Titelbildnachweis: Nils Cordes, Bielefeld
Druck: Friedrich Pustet KG, Regensburg
Printed in Germany

Inhalt

Vorwort zur zweiten Auflage

Seit dem Erscheinen dieses Büchleins sind gut drei Jahre vergangen. Es hat Anklang gefunden und ich habe einige beglückende Rückmeldungen erhalten. Es ist schön, etwas geschrieben zu haben, das von Leser*innen als hilfreich empfunden wird!

Für die neue Auflage habe ich mich entschlossen, den Text zu überarbeiten. Ich habe einige formale Fehler ausgeräumt und Internetadressen aktualisiert. Die Erläuterungen, was eine Hausarbeit im Geschichtsstudium eigentlich ist (Kapitel 4), habe ich versucht noch klarer zu fassen. In Kapitel 5. „Ein Thema wählen“ habe ich eine neue Übung zur Themenentwicklung aufgenommen, die bei Studierenden und Tutor*innen an der Uni Bielefeld gut ankommt. Die Instrumente der Quellen- und Literaturrecherche im Bereich der Geschichtswissenschaft haben sich seit 2017 weiterentwickelt. Deshalb nenne ich in den Kapiteln 8. und 10. nun wichtige Portale, die erst vor Kurzem den Betrieb aufgenommen haben, und solche, die ich vor vier Jahren noch nicht kannte. In Kapitel 11. habe ich das „Schema zur professionellen Arbeit mit historischen Quellen“ weiterentwickelt, um die angemessene Arbeitsweise noch besser darzustellen. In allen Kapiteln gibt es kleine Ergänzungen, sprachliche und zum Teil auch optische Änderungen, die das Büchlein hoffentlich noch nützlicher und besser lesbar machen.

Ich wünsche allen Leser*innen eine ertragreiche und angenehme Lektüre.

Bielefeld im März 2021
Friederike Neumann

1. Was bietet dieses Buch?

Sie wollen eine Haus- oder Bachelorarbeit im Geschichtsstudium schreiben? Einen Text, in dem Sie eine eigene Fragestellung bearbeiten? Dieses Buch zeigt Ihnen Wege, wie das gelingen kann. Es erklärt, was eine solche Arbeit eigentlich ist und wie Sie die vielen Schritte angehen und bewältigen können, die zum Vorbereiten und Schreiben eines solchen Textes gehören. Vorab gibt es ein kurzes Kapitel über Geschichte und Geschichtswissenschaft an sich und eines darüber, wie Studierende und Historiker*innen das Schreiben von Hausarbeiten erleben bzw. erlebt haben, insbesondere darüber, was sie daran als positiv empfinden.

Bitte nehmen Sie sich die Freiheit, irgendwo mit der Lektüre anzufangen. Lesen Sie das, was Sie interessiert. Orientieren Sie sich im Inhaltsverzeichnis oder blättern Sie das Büchlein einmal durch. An den Überschriften erkennen Sie leicht die Kapitel, die für Sie passen.

Wenn Sie ein*e kritische*r Leser*in sind, möchten Sie vielleicht mehr über dieses Buch und seine Autorin wissen. Deshalb stelle ich mich im Folgenden vor und schildere, welche Erfahrungen und Ansätze das Schreiben dieses Buches beeinflusst haben.

Ich bin Historikerin und kann mich noch gut an ein langes und schwieriges Magister-Studium erinnern. Das Lesen wissenschaftlicher Texte für Seminare und auch das Schreiben von Hausarbeiten fand ich zeitaufwendig und anstrengend. Anleitungen, worauf es dabei eigentlich ankommt und wie man Arbeitsprozesse steuern und bewältigen kann, gab es zu meiner Studienzeit nicht. Erst nach vielen Zweifeln und Semestern habe ich mein Studium abgeschlossen. Trotzdem bin ich danach in der Wissenschaft quasi hängengeblieben, habe inzwischen ein geschichtswissenschaftliches Buch (meine Dissertation) und mehrere Aufsätze veröffentlicht. In den Jahren 2003/2004 habe ich ein Praktikum im Schreiblabor der Universität Bielefeld und eine Fortbildung zur Moderation von Werkstätten für das wissenschaftliche Schreiben absolviert. Seitdem gebe ich Trainings zum Lesen und Schreiben im Studium. Seit 2008 arbeite ich auch in der geschichtswissenschaftlichen Lehre und bin inzwischen fest angestellte wissenschaftliche Mitarbeiterin an der Universität Bielefeld. Inhaltlich liegt mein Schwerpunkt auf der Geschichte des Spätmittelalters und der Frühen Neuzeit. Acht Jahre lang war ich im Programm „richtig einsteigen“ beschäftigt, das aus dem Qualitätspakt Lehre finanziert wurde. In diesem Zusammenhang haben wir Materialien und Lehrformen entwickelt, um Studierende bei der Entfaltung ihrer fachspezifischen Literalität zu unterstützen, also beim Lesen und Schreiben im fachwissenschaftlichen Zusammenhang.

Der hochschuldidaktische Ansatz „Decoding the Disciplines“ ist in den letzten Jahren zu einer Leitlinie meiner Arbeit geworden. Er fordert Fachwissenschaftler*innen auf, sich ihrer Arbeitsweisen bewusst zu werden und sie für Studierende transparent zu machen. Studierende profitieren davon zu wissen, wie Profis die Dinge angehen. Deshalb beschreibe ich in diesem Buch an vielen Stellen, wie professionelle Historiker*innen in entsprechenden Situationen handeln.

In vielen Kapiteln dieses Buches finden Sie Übungsanleitungen, die in Werkstätten zum wissenschaftlichen Lesen und Schreiben erprobt sind. In solchen Workshops führen Moderator*innen durch die Arbeitsschritte und es gibt Kommiliton*innen, mit denen man sich austauschen kann. Ich hoffe, dass die Anleitungen auch mit schriftlichen Erläuterungen funktionieren. Und ich wünsche Ihnen, dass Sie Gesprächspartner*innen finden, denen Sie über Ihren Arbeitsprozess und die jeweiligen Zwischenergebnisse berichten können.

Gendergerechte Sprache? Die Unterscheidung nach Geschlecht spielt in diesem Buch – außer in historischen Beispielen – keine Rolle. Deswegen verwende ich das Gendersternchen oder die männliche und die weibliche Form. Manchmal wechsele ich bewusst zwischen weiblicher und männlicher Form ab. In jedem Fall hoffe ich, dass Leser*innen jederlei Geschlechts sich angesprochen fühlen.

Nun wünsche ich Ihnen viel Spaß und Ertrag bei der Lektüre. Wenn Sie Fragen zu dem haben, was Sie hier lesen, sprechen Sie mit Kommiliton*innen. Oder wenden Sie sich an das Schreibzentrum in Ihrer Hochschule, an Tutor*innen oder Lehrende, die Ihnen zugänglich erscheinen. Vielleicht gibt es in Ihrer Universität sogar Schreibberater*innen speziell für Geschichtsstudierende. Und wenn das alles nicht möglich sein sollte, schreiben Sie mir:
friederike.neumann@uni-bielefeld.de.

2. Geschichte und Geschichtswissenschaft

Darüber, was Geschichte ist und was geschichtswissenschaftliches Arbeiten ausmacht, gibt es kluge Bücher mit ausgefeilten Definitionen und tiefgreifenden Reflexionen. An dieser Stelle sollen einige kurze Hinweise genügen: Geschichte ist etwas anderes als die Vergangenheit selbst. Geschichte hat viel mit der Gegenwart, mit der Gegenwart von Vergangenem und mit der Vergegenwärtigung von Vergangenem zu tun. Sie ist abhängig von gegenwärtigen Fragen, Theorien und Arbeitsweisen. Geschichte ist also nichts Fixes. Sie wird immer wieder neu erzählt, konstruiert und geschrieben. Sie ist aber auch nichts Beliebiges. Geschichte ist kein Fantasyroman. Was Historiker*innen veröffentlichen, ist der kritischen Prüfung ihrer Kolleg*innen ausgesetzt: Ist das, was in diesen Texten über Vergangenes ausgesagt wird, nachvollziehbar und überzeugend? Gibt es historisches Material (Quellen), auf dessen Grundlage diese Aussagen plausibel und legitim erscheinen? Oder solches, das dagegen spricht?

Für die geschichtswissenschaftliche Forschung spielt also die Perspektive vom jeweiligen Heute aus eine große Rolle. Im 21. Jahrhundert betrachten und beschreiben Historiker*innen geschichtliche Themen anders als ihre Kolleg*innen um 1900 oder in den 1970er Jahren dies getan haben. Sie haben andere Fragen und andere Vorannahmen. Während im 19. Jahrhundert die Weitsicht und das entschlossene Handeln großer Männer für den Verlauf der Geschichte als besonders relevant erschienen, fragten Historiker*innen der 1970er Jahre nach gesellschaftlichen Strukturen und langfristigen wirtschaftlichen und sozialen Prozessen. Noch einmal 30 Jahre später haben Historiker*innen ihre Perspektive auf Vergangenes wiederum stark verändert. Sie interessieren sich nun vermehrt für soziale Praktiken, also die Art und Weise, wie Menschen in ihrer Lebenswelt agierten und interagierten, für Diskurse und Narrative, das heißt für Sprechweisen und Erzählmuster, die in Gesellschaften wirksam wurden, außerdem für Überzeugungen und

Bedeutungen, die Menschen in ihrem Handeln leiteten, für Medien und ihre Nutzung und für die vielfältigen Wechselwirkungen zwischen alldem.

Die Arbeitsweise von Historiker*innen ist von professionellen Standards geprägt, die in diesem Buch an vielen Stellen zur Sprache kommen. Sie bietet aber auch Flexibilität, die Innovation ermöglicht und es erlaubt, neuen Interessen nachzugehen und Vergangenes immer wieder neu zu denken. Zur geschichtswissenschaftlichen Arbeitsweise gehören unter anderem die folgenden Elemente:

- Fragen zu stellen,
- Vorannahmen bzw. Hypothesen zu formulieren und im Verlauf der Untersuchung zu überprüfen,
- geeignetes historisches Material zu suchen,
- dieses Material systematisch und quellenkritisch[1] auf die eigene Fragestellung hin auszuwerten,
- sich mit dem jeweiligen Stand der Forschung auseinanderzusetzen,
- Darstellungen von Vergangenem zu entwerfen, in die Modelle, theoretische Konzepte und Begriffe einfließen,
- sich der Sprache zu bedienen, um über Vergangenes zu schreiben, es zu erklären, um Zusammenhänge herzustellen und zu erläutern.

1 Siehe zur Arbeit mit Quellen und zur sogenannten Quellenkritik das Kapitel „Mit Quellen arbeiten und darüber schreiben".

3. Wie das Schreiben von Hausarbeiten erlebt wird

Wenn Sie das Schreiben einer Hausarbeit im Geschichtsstudium als anstrengend und schwierig empfinden, zweifeln Sie bitte nicht an sich. Im Arbeitsprozess treten unweigerlich eine Vielzahl von Fragen auf, für die Sie Antworten entwickeln müssen. Das kann verwirrend und anstrengend, zugleich aber auch reizvoll und befriedigend sein. Häufig geht es darum, Ambivalenzen oder Uneindeutigkeiten wahrzunehmen, zu benennen und einen Umgang mit ihnen zu finden. Die Belohnung besteht darin, tiefergehend zu begreifen, womit Sie sich inhaltlich auseinandersetzen, zu Einsichten beziehungsweise zu Erkenntnissen zu gelangen. Sie gewinnen Sicherheit im Umgang mit dem Material, das Sie auswerten, und verstehen besser, was es bedeutet, geschichtswissenschaftlich zu arbeiten. Dazu kommt schließlich die Freude, einen sinnvollen Text geschrieben zu haben.

Anlässlich dieses Buches habe ich Studierende und Historiker*innen befragt, wie sie das Schreiben von Hausarbeiten erleben bzw. erlebt haben, insbesondere auch, was sie daran positiv finden bzw. fanden. Dies sind vier der Antworten:

> „Was ich bei Hausarbeiten schwierig finde, ist in der Masse von Material die essentiellen Informationen herauszufiltern und für meine Leitfrage neu zu strukturieren. Auch schwer ist es, ein GUTES Konzept zu entwickeln, das dazu führt, dass sowohl Leitfrage, Methodik (etc.) in sich stimmig sind.
>
> Positiv finde ich: In Hausarbeiten können wir zeigen, welche Themengebiete uns interessieren, und sobald das der Fall ist, schreibe ich eine Hausarbeit nicht nur, um ein Modul abzuschließen, sondern weil mich mein Thema mit der dazugehörigen Leitfrage fesselt. In einer Hausarbeit sind wir sozusagen Detektive und möchten einen ‚Fall lösen'. Dazu suchen wir nach Antworten für unsere Fragen und wenn wir diese Antworten finden, ist der Tag gerettet." (Studierende, 3. Semester)

„Was ich als positiv in Erinnerung habe:

- etwas herausfinden wollen. Ein systematisches Suchen zugunsten meiner eigenen Wissensbestände – dafür braucht es ein entsprechendes Thema, etwas, das mich umtreibt. Das hatte ich immer, weil wir immer eine große Wahlmöglichkeit hatten.
- Das Recherchieren – in Bibliotheken sitzen, die Stille und Betriebsamkeit genießen und lesen und erfahren und denken – sehr stark.
- Flow-Erleben. So richtig tief in einer Sache sein, Gedanken zu entwickeln und auch zu bündeln.
- Strukturieren – von Material, von Gedanken, von sprachlichen Äußerungen.
- Ein Abenteuer, ein Kampf, wirre Gedanken in Sprache so zu fassen, dass auch das herauskommt, was ich denke.
- etwas pervers: Fußnoten ‚machen', dem Ganzen eine verbindliche Form geben, ein Layout, damit es am Ende gut aussieht."

(Historiker, 41 Jahre)

„Ich mochte es, mit historischen Quellen zu arbeiten. Personen, um die es darin ging, oder auch die Quellen selbst rückten mir auf diese Weise nah. Ich fühlte mich ihnen verpflichtet und hätte sie gar nicht wieder in der Versenkung verschwinden lassen können.

Außerdem hat es mir gefallen, stringent argumentierende Texte zu produzieren. Harte Arbeit, aber wenn es dann aufgeht, sehr befriedigend." (Historikerin, 49 Jahre)

„Vertiefende Beschäftigung mit einem ganz bestimmten Thema über eine begrenzte Zeit hinweg. Eine der wenigen Möglichkeiten, wissenschaftliches Arbeiten wirklich anzuwenden und aktiv zu verbessern (Forschungsfrage entwickeln, Fußnoten, Literaturlisten, Verwendung von Wissenschaftssprache), das schult den Umgang damit!

Mir gefiel die Möglichkeit, eigene Ideen und Erkenntnisinteresse in die Arbeit einfließen zu lassen. Das Thema war zwar oft vorgegeben, aber nicht auf welche Weise und in welchem Gedankengang man sich ihm nähert. → Genießen von wissenschaftlicher Freiheit (‚Denkfreiheit')." (Historikerin, 30 Jahre)

4. Was ist eine Hausarbeit im Geschichtsstudium?

Was ist eigentlich das Ziel? Was soll Ihr „Produkt“ Hausarbeit im Geschichtsstudium leisten? Welche Kriterien sollte es erfüllen? Dazu folgen hier eine zweigeteilte Definition und die Erläuterung der einzelnen Elemente. Der erste Teil bezieht sich auf die formale Seite von Hausarbeiten, der zweite beschreibt, was eine Hausarbeit auf der inhaltlich-qualitativen Ebene ausmacht.

Eine Hausarbeit im Geschichtsstudium ist formal betrachtet
ein Text

- mit Fußnoten,
- ordentlich formatiert,
- bestehend aus
  - Deckblatt
  - Inhaltsverzeichnis
  - Einleitung
  - mehreren Kapiteln und Unterkapiteln
  - Schluss
  - Quellen- und Literaturverzeichnis.

Wo erfahren Sie, wie diese Dinge im Einzelnen aussehen sollen? Zur Frage, was alles in eine **Einleitung** gehört, lesen Sie bitte unten das Kapitel „Die Einleitung“. Zu den anderen formalen Fragen werden Sie in den Einführungsveranstaltungen ins Geschichtsstudium entsprechende Hinweise erhalten. Wahrscheinlich stellen Lehrende oder Tutor*innen Merkzettel, Anleitungen oder Beispiele zur Verfügung. Das meiste davon ist nicht als Gesetz, sondern als Orientierung zu verstehen.

Entsprechende Materialien finden Sie auch an verschiedenen Stellen im Netz: Um sich etwa über den Sinn, die Gestaltung und den Gebrauch von **Fußnoten** zu informieren, empfehle ich die **Online-Hilfe** auf den Seiten der Abteilung Geschichtswissenschaft in der Universität Bielefeld: https://uni-bielefeld.de/fakultaeten/geschichtswissenschaft/studium/richtig-einsteigen/materialien/fussnoten-literatur/. Dort finden Sie auch ein Modell dafür, wie Sie **Quellen- und Literaturverzeichnisse** gestalten können.

Bei allen formalen Fragen sollten Sie sich klar machen, dass Vorgaben nicht zum Ziel haben, Studierende zu quälen. Es geht auch nicht wirklich um richtig oder falsch. Vielmehr erfüllt die formale Gestaltung einen bestimmten Zweck: Informationen, die Ihre Leser*innen, also zunächst Ihre Dozent*innen, suchen und brauchen, sind ihnen gut zugänglich, wenn Sie Ihre Hausarbeit so gestalten, wie es in Ihrem Fach üblich ist. Lehrende erkennen dann leicht,

- wer die Arbeit wann eingereicht hat,
- zu welcher Lehrveranstaltung sie gehört,
- welche Literatur und welche Quellen beim Schreiben verwendet wurden,
- und an welchen Stellen des Textes Sie auf welche dieser Materialien zurückgegriffen haben.

Stehen diese Informationen Ihren Leser*innen in gewohnter und übersichtlicher Form zur Verfügung, können sie sich entspannen und auf den Inhalt Ihres Textes konzentrieren.

Wenn Sie Ihre Hausarbeiten formal korrekt gestalten, lernen Sie zugleich etwas darüber, wie geschichtswissenschaftliche Texte gemacht werden. Es wird Ihnen leichter fallen, wissenschaftliche Texte zu entschlüsseln, zu kritisieren und für Ihre eigenen Zwecke auszuwerten.

Spannender als das Formale ist, was eine Hausarbeit im Geschichtsstudium inhaltlich und qualitativ leisten sollte. In diesem Buch geht es um die üblichste Form der Hausarbeit: **die Hausarbeit mit einer eigenen Fragestellung.** Sie ist der Klassiker unter den Hausarbeitstypen im Geschichtsstudium. Der Vorteil dieser Art von Hausarbeit ist, dass Sie selbst bereits geschichtswissenschaftlich arbeiten, wenn Sie sie schreiben. Das Schreiben einer solchen Hausarbeit ist also zugleich auch eine Entdeckungsreise. Sie selbst und später auch Ihre Leser*innen werden Neues über das Thema erfahren, das Sie behandeln.

Eine Hausarbeit im Geschichtsstudium ist qualitativ gesehen eine kleine Untersuchung – ein Text, in dem Studierende

- für ein historisches Thema eine Problemstellung aufzeigen,
- die sie ausgehend von einer dazu passenden Fragestellung
- über die Analyse/Auswertung bestimmten Materials (Quellen, Literatur) bearbeiten.
- Auf diese Weise kommen sie zu Ergebnissen, die die Form von Aussagen (Thesen) haben. Diese sollten – wenigstens ansatzweise – neu und außerdem plausibel (überzeugend) sein. Das Neue entsteht zum Beispiel, indem neue Fragen gestellt, neue Quellen oder neue Literatur verwendet werden, oder auch dadurch, dass bereits bekannte Fragen, Quellen, Literatur und Methoden neu kombiniert oder auf einen neuen Untersuchungsgegenstand angewendet werden.
- Das Thema der Haus wird an einem gut eingegrenzten Untersuchungsgegenstand bearbeitet.
- Die einzelnen Kapitel bearbeiten Aspekte des Themas und liefern entsprechende Teilergebnisse.
- Aussagen und Informationen sind intersubjektiv überprüfbar.
- Die Arbeit ist in sachlicher, präziser und korrekter Sprache geschrieben.

Was heißt das im Einzelnen?

Eine kleine Untersuchung ...

Das bedeutet, dass Sie tatsächlich etwas herausfinden wollen, wenn Sie an Ihrer Hausarbeit arbeiten. Schließlich geht es in der Wissenschaft darum Erkenntnis zu gewinnen, diese Erkenntnis Leser*innen zugänglich zu machen und so zur Diskussion zu stellen. Anders formuliert geht es darum, etwas zu zeigen oder nachzuweisen, das bisher unbekannt oder ungeklärt ist.

Als Studiernde*r, der oder die eine Hausarbeit im Geschichtsstudium schreibt, führen Sie also tatsächlich schon ein kleines Forschungsprojekt durch. Das soll Ihnen keine Angst machen – die Erwartung, dass Sie bahnbrechend Neues erforschen, haben Lehrende nicht. Allerdings können Sie z.B. an einem überschaubaren Beispiel eine eigene Fragestellung bearbeiten oder eine Position, die Sie in der Literatur gefunden haben, vorstellen, kritisch reflektieren und an konkretem Material zu überprüfen versuchen.

für ein historisches Thema eine Problemstellung aufzeigen ...

Was ist ein historisches Thema? Und was ist es nicht? Das Kleinklein von Informationen über Lebensdaten und Ereignisabfolgen ist kein historisches Thema. Ein historisches Thema ist etwas Übergeordnetes und Spannungsgeladenes. Und es hat, von heute aus gesehen, eine gewisse Relevanz. Relevant ist ein Thema, wenn es grundsätzliche menschliche oder gesellschaftliche Fragen berührt (so etwas wie soziale Ungleichheit, Herrschaft, gesellschaftlicher Wandel, seine Ursachen, Begleiterscheinungen und Folgen, Geschlechterverhältnisse, Fremdenfeindlichkeit, Entstehung und Beilegung von Kriegen, Umgang mit Krisen ...). Relevanz kann sich auch aus dem Forschungsstand herleiten, wenn bisherige Darstellungen und Forschungsergebnisse überprüfungsbedürftig oder unvollständig erscheinen. Auch inhaltliche Neugier oder Irritation sind legitime Ausgangspunkte für ein Hausarbeitsprojekt. Die Problemstellung im gewählten Thema zu entdecken und zu formulieren ist wichtig und kann anspruchsvoll sein.

Ich nenne **drei Beispiele** für Themen aus dem Kontext von Hausarbeiten, die Kolleg*innen oder ich selbst im Studium geschrieben haben, und zeige jeweils übergeordnete Fragen bzw. Problemstellungen auf, die in diesen Themen enthalten sind:

1) die Krise des Rittertums im Spätmittelalter: Die gesellschaftliche Position von Niederadligen geriet seit dem 13. Jahrhundert unter Druck. Hintergrund waren große Veränderungsprozesse wie die Entfaltung des Städtewesens, die Ausbreitung der Geldwirtschaft und neue militärische Organisationsformen. Die ältere Forschung hat in diesem Zusammenhang die These von den Raubrittern formuliert – Rittern, die durchziehenden Kaufleuten hohe Abgaben abzwangen. Die jüngere Forschung spricht hingegen von flexiblen Anpassungsleistungen von Niederadligen an veränderte gesellschaftliche Verhältnisse. Es stellt sich also die Frage, welche dieser beiden Erklärungen überzeugender ist. Als übergeordnete Frage oder Problemstellung schwingt in diesem Thema mit, wie der langfristige Wandel sozio-ökonomischer Verhältnisse die Lebenschancen und Lebensweise sozialer Gruppen beeinflusst und welche Strategien der Anpassung und Bewältigung ihre Angehörigen entwickeln und nutzen.
2) Oligarchische Strukturen in frühneuzeitlichen Städten: nur ein kleiner Kreis besonders wohlhabender Bürger besetzte das Amt des Bürgermeisters und den Stadtrat und dies, obwohl es in vielen Städten Wahlverfahren gab, die theoretisch auch andere Bürger in diese Positionen hätten bringen können. Übergeordnet schwingt in diesem Thema die Frage mit, warum und auf welche Weise Reichtum mit politischem Einfluss einhergeht und wie diese Machtverteilung jeweils gerechtfertigt wird.
3) Deutscher Kolonialismus und protestantische Kirche im späten 19. Jahrhundert. Zu diesem Thema wurde konkret untersucht, wie zeitgenössische protestantische Theologen den Begriff der „Weltherrschaft“ in einer Zeit propagierten, in der die Ausbildung eines deutschen Kolonialreichs politisch und wirtschaftlich vorangetrieben wurde. Aus übergeordneter Warte betrachtet geht es bei diesem Thema also um das Verhältnis von Kirche und Theologie einerseits, Staat, Politik und Wirtschaft andererseits, um die legitimatorische Funktion, die Theologie für politische und wirt-

schaftliche Fragen haben kann, sowie um die Macht des Diskurses, in diesem Fall das Reden von der „Weltherrschaft".

... Problemstellung, die Sie ausgehend von einer dazu passenden Fragestellung bearbeiten

Für Ihr Thema und die darin enthaltene Problemstellung entwickeln Sie eine Fragestellung, die darauf abzielt, etwas in Erfahrung zu bringen, zu prüfen, nachzuweisen oder zu erklären. Es sollte sich um etwas handeln, das Sie nicht einfach bei Wikipedia, in einem Lexikon oder Handbuch nachschlagen können. Fragen zu stellen ist von zentraler Bedeutung, wenn es darum geht, etwas herauszufinden. Erst wenn man eine Frage hat und sie auch formulieren kann, weiß man, was man eigentlich wissen will, und kann gezielt darauf hinarbeiten, sie zu beantworten. Für das geschichtswissenschaftliche Arbeiten ist das Formulieren einer Fragestellung unabdingbar. Eine erfolgversprechende Fragestellung zu entwickeln ist zugleich ein anspruchsvoller Teil geschichtswissenschaftlichen Arbeitens. Historiker*innen entwickeln ihre Fragestellungen in einem längeren Prozess, ausgehend von ersten Ideen und Annahmen, in der Auseinandersetzung mit der Forschungsliteratur und historischen Quellen. Wie Sie schrittweise eine geeignete Fragestellung zu Ihrem Thema entwickeln können, wird im Kapitel „Auf dem Weg zur Fragestellung" ausführlicher beschrieben.

Analyse/Auswertung bestimmten Materials (Quellen, Literatur)

Um beim geschichtswissenschaftlichen Arbeiten zu Ergebnissen zu kommen, brauchen Sie etwas, das Sie konkret auswerten können. Dazu gehört **wissenschaftliche Literatur** (Aufsätze, Artikel und Bücher von Historiker*innen und gegebenenfalls auch von Forscher*innen anderer Disziplinen), die zu Ihrem Thema erschienen ist. Sie sollten diese Literatur unter anderem daraufhin durchsehen, unter welchen Fragestellungen andere Historiker*innen das Thema bearbeitet haben und zu welchen Ergebnissen sie gekommen sind. Zu Beginn Ihres Studiums werden es wenige Texte sein, die Sie unter dieser Perspektive auswerten. In höheren Semestern verwenden Sie dann schon mehr Literatur, um sich so etwas wie einen Forschungsstand zu erarbeiten. Wissenschaftliche Literatur dient allerdings nicht nur dazu, den Forschungsstand wahrzunehmen, sie bietet Ihnen zugleich viele Einzelinformationen, die Sie für die Bearbeitung Ihrer Fragestellung verwenden können. Zur Literaturrecherche lesen Sie bitte das Kapitel „Literatur finden". Das Kapitel „Literatur auswerten" gibt Hinweise zu sinnvollen Strategien beim Lesen und Auswerten von geschichtswissenschaftlicher Literatur. Das Kapitel „Gelesenes im eigenen Text wiedergeben – drei Wege" beantwortet die Frage, wie Sie die Ergebnisse Ihrer Lektüre im eigenen Text zur Sprache bringen können.

Zum Material, das Historiker*innen verwenden, gehören außerdem historische **Quellen**. Der Begriff „Quelle" ist in der Geschichtswissenschaft sehr wichtig und er wird anders verwendet als in manchen anderen Wissenschaften. Historiker*innen verstehen unter Quellen Material, das möglichst der Zeit entstammt, die sie untersuchen wollen beziehungsweise möglichst unmittelbar über sie Auskunft gibt. Dazu können Texte unterschiedlicher Art gehören (Tagebucheintragungen, Zeitungsartikel, Urkunden, Gesetzestexte, Chroniken und vieles mehr), aber auch andere Überreste aus der Vergangenheit (Gegenstände, Gebäude, Bilder). Unter Umständen können auch ältere wissenschaftliche Texte zu Quellen werden. Das ist allerdings ein Sonderfall, der zum Beispiel eintritt, wenn wissenschaftsgeschichtliche Themen behandelt werden. Informationen darüber, wie Sie geeignete Quellen für Ihre Arbeit finden können, bietet das Kapitel „Quellen finden". Zur fachgerechten Arbeit mit historischen Quellen und zur Frage, wie Sie die Auswertung von Quellen in Ihren Text einbringen können, lesen Sie bitte das Kapitel „Mit Quellen arbeiten und darüber schreiben".

Auf diese Weise kommen Sie zu Ergebnissen, die die Form von Aussagen (Thesen) haben.

Das Ziel wissenschaftlicher Arbeit ist es, zu Ergebnissen zu gelangen. Die Ergebnisse sind sozusagen die Antwort auf die Fragen, die in der Einleitung eines wissenschaftlichen Textes gestellt werden. Wissenschaftliche Arbeiten sollen etwas zeigen oder nachweisen, das bisher unbekannt oder ungeklärt ist. Dazu kann auch gehören, die Positionen und Ergebnisse älterer Forschung kritisch nachzuvollziehen und sie an konkretem Material zu überprüfen.

Die Ergebnisse, die Autor*innen im Schluss oder Fazit ihrer Texte präsentieren, werden oft als Thesen bezeichnet. Sie haben zwangsläufig eine sprachliche Form. Es handelt sich um Aussagen über das Thema. Die Untersuchung, die in den vorangehenden Kapiteln geschildert bzw. durchgeführt wurde, sollte diese Aussagen überzeugend und plausibel machen. Auf der Grundlage des gesamten Textes und seiner Zusammenfassung im Schlussteil können Leser*innen nachvollziehen, was für diese Aussagen spricht. Sie können erkennen, welches Material ausgewertet wurde, unter welchen Fragen dies geschah, zu welchen Teilergebnissen der/die Autor*in bei der Untersuchung gelangt ist und wie diese Teilergebnisse zu einer Argumentation verbunden wurden. Damit sind diese Aussagen mehr als nur Behauptungen.

Thesen sind auch etwas anderes als Aussagesätze, die Informationen übermitteln. Zum Beispiel der Satz „Die Bundesrepublik Deutschland wurde im Jahr 1949 gegründet." ist keine These, denn diese Aussage ist völlig unumstritten. Die Aussage „Frühneuzeitliche Obrigkeiten inszenierten sich als Väter ihrer Untertanen, um ihre Position zu legitimieren." ist eine These. Diese Behauptung wird erst sinnvoll und überzeugend, wenn an konkretem historischem Material gezeigt wird, warum sie plausibel ist. Eine Aussage, die durch zugängliches Material oder sinnvolle Gedankenführung widerlegt werden kann, ist nicht plausibel.

Geschichtswissenschaftliche Thesen sind also keine beliebigen Aussagen, sondern solche, die geeignet sind, Leser*innen zu überzeugen. Das gilt auch für Ihre Hausarbeiten. Die Ergebnisse, die Sie im Schluss Ihres Textes präsentieren, sollten auf der reflektierten Auswertung von Quellen und Forschungsliteratur beruhen. Ihre Leser*innen sollten durch die Lektüre Ihrer Arbeit nachvollziehen können, was für Ihre Ergebnisse spricht.

Aussagen (Thesen) sollten – wenigstens ansatzweise – neu sein. Das Neue entsteht zum Beispiel, indem man neue Fragen stellt, neue Quellen oder neue Literatur verwendet, aber auch schon dadurch, dass man bereits bekannte Fragen, Quellen, Literatur und Methoden neu kombiniert.

Viele Studierende fragen sich, wie sie zu neuen Aussagen/Ergebnissen bzw. Thesen kommen können. Dazu müssten sie ja erst einmal wissen, was schon gewusst wird, d.h. was der Forschungsstand ist. Darüber, wie Sie sich über den Stand der Forschung informieren können, erfahren Sie mehr in den Kapiteln „Eine Fragestellung entwickeln, sich einlesen", „Literatur finden" und „Literatur auswerten".

Das „Neue", das von Ihnen an Erkenntnis erwartet wird, sollten Sie nicht zu hoch hängen. Niemand verlangt, dass Sie bahnbrechende neue Ergebnisse erzielen. Wichtig ist allerdings, dass Sie in Ihrer Hausarbeit eine forschende Haltung einnehmen und sich nicht darauf beschränken, vorhandenes Wissen zu reproduzieren. Vielleicht werden Sie ähnliche Fragestellungen wie andere Historiker*innen verwenden. Das Neue Ihrer Arbeit mag darin bestehen, dass Sie diese Fragen auf ein anderes Fallbeispiel anwenden (also z.B. auf einen anderen Ort, eine andere Person oder Personengruppe, auf eine andere Institution), dass Sie exemplarisch einzelne Quellen besonders gründlich auswerten und die Ergebnisse dieser Untersuchung mit bisherigen Ergebnissen vergleichen. Oft lohnt es sich auch, Quellen, die von anderen schon analysiert wurden, noch einmal zu verwenden. Mit einer etwas anderen Perspektive oder Frage oder auch durch eine gründliche Relektüre kann man durchaus auch mit solchen Quellen zu neuen Einsichten gelangen.

Die einzelnen Kapitel Ihres Textes liefern jeweils Teilergebnisse.
In den einzelnen Kapiteln oder Abschnitten Ihres Textes behandeln Sie jeweils Teilaspekte Ihres Themas. Jedes Kapitel bildet einen relevanten Baustein im Gesamtgefüge Ihres Textes. Die Ergebnisse der einzelnen Kapitel führen Sie im Schluss Ihres Textes zu einem Gesamtergebnis zusammen. Jedes Kapitel trägt also dazu bei, Ihr Ergebnis plausibel zu machen. Aus den Kapiteln insgesamt ergibt sich die Argumentation Ihres Textes, die Sie dann im Fazit zusammenfassend nachzeichnen.

Manche Kapitel werden Sie auf der Grundlage von Literatur schreiben, das heißt, Sie greifen darin vor allem auf die Ergebnisse von Historiker*innen und anderen Forscher*innen zurück. Andere Kapitel beruhen vermutlich stärker auf der Auswertung von Quellen. Diese Quellen beschreiben Sie kurz und berichten dann, was sich bei der Arbeit mit ihnen in Hinblick auf Ihre Fragestellung gezeigt hat. (Siehe das Kapitel „Mit Quellen arbeiten und darüber schreiben".) Uneindeutige Befunde diskutieren Sie und wägen mögliche Interpretationen ab. Sprachlich verknüpfen Sie all dies zu einem Text, der Ihre Gedankengänge für andere nachvollziehbar macht.

Durch Fußnoten (oder andere Formen von Belegen) machen Sie jeweils transparent und überprüfbar, woher Aussagen und Informationen stammen, die Sie verwenden.

Einzelne Informationen sind intersubjektiv überprüfbar.
Für Ihre Hausarbeiten gilt, was generell von wissenschaftlichen Texten verlangt wird: Die Darlegungen und Gedankengänge sollen Leser*innen möglichst überzeugen. Dazu müssen sie in sich schlüssig, nachvollziehbar und zugleich überprüfbar sein. Leser*innen sollen die Chance haben, verwendetes Material zu identifizieren. Sie erhalten damit die Möglichkeit, die Auswertung und Lesart dieses Materials gegebenenfalls zu kritisieren: Gibt es den angegebenen Text überhaupt? Was steht da genau? Fußnoten sowie das Quellen- und Literaturverzeichnis sind der Ort, an dem verwendete Materialien genau angegeben werden. (Siehe dazu auch oben den Abschnitt „Eine Hausarbeit im Geschichtsstudium formal betrachtet" und die Online-Hilfe „Fußnoten, Quellen- und Literaturverzeichnisse gestalten" der Abteilung Geschichtswissenschaft der Uni Bielefeld (https://www.uni-bielefeld.de/fakultaeten/geschichtswissenschaft/studium/richtig-einsteigen/materialien/fussnoten-literatur/).) Bibliographische Angaben ermöglichen Leser*innen zudem, Literatur und Quellen für eigene Untersuchungen zu finden.

Eine geschichtswissenschaftliche Hausarbeit bearbeitet ihr Thema an einem gut eingegrenzten Untersuchungsgegenstand.
Es ist hilfreich, wenn Sie zwischen dem Oberthema Ihrer Hausarbeit, dem konkreten Gegenstand, an dem Sie dieses Thema untersuchen wollen, und Ihrer Fragestellung unterscheiden. Alle drei sollten sich aufeinander beziehen.

Beispiele für Themen, Untersuchungsgegenstände und Fragestellungen im Verhältnis zueinander:

Thema: Die Krise des Rittertums im späten Mittelalter
Untersuchungsgegenstand: Zwei Fallbeispiele aus dem 15. Jahrhundert (das heißt: die Biographien von zwei konkreten Rittern, über die hinreichende Informationen vorliegen)
Fragestellung: Wie ist das sogenannte Raubritterwesen zu interpretieren – als Ausdruck des Niedergangs des Rittertums oder als Charakteristikum einer flexiblen Anpassung des Niederadels an Umbrüche in Wirtschaft und Gesellschaft?[2]

Thema: Die Krise des Rittertums im späten Mittelalter
Untersuchungsgegenstand: Zwei volkssprachliche literarische Texte aus dem 15. Jahrhundert
Fragestellung: Welches Ritterbild transportiert die populäre Literatur des 15. Jahrhunderts? Greift sie den Bedeutungsverlust von Rittern in der mittelalterlichen Heeresverfassung auf oder folgt sie der Idealisierung des Ritters im epischen Roman des 12./13. Jahrhunderts?

Thema: Oligarchische Tendenzen in frühneuzeitlichen Städten
Untersuchungsgegenstand: Städtische Führungsgruppen in Augsburg zu Beginn des 16. Jahrhunderts
Fragestellung: Wer sind die Führungsgruppen in der Augsburger Stadtgesellschaft des frühen 16. Jahrhunderts? Welche Ehre haben sie? Wie trägt diese Ehre zu ihrer Position bei?[3]

Thema: Herrschaftslegitimation und Geschlechterdiskurse in der Frühen Neuzeit[4]
Untersuchungsgegenstand: Die Kleider- und Luxusordnung des Rats der Stadt Naumburg an der Saale aus dem Jahr 1667
Fragestellung: Auf welche Weise nutzten frühneuzeitliche Obrigkeiten gesellschaftliche Vorstellungen von Geschlecht, um ihre Position und ihr Handeln zu legitimieren?

2 Für dieses Beispiel danke ich meinem Kollegen Claus Kröger.

3 Das Thema ist unter anderem durch theoretische Überlegungen Max Webers inspiriert: Ehre und Abkömmlichkeit sind nach Weber relevante Faktoren für die Position städtischer Führungsgruppen in der Vormoderne.

4 Dieses Beispiel bringt zwei Themenbereiche – Herrschaft und Geschlechterordnung – zusammen, die zunächst als unabhängig voneinander erscheinen mögen. Gender-Theorien behaupten jedoch eine relevante Wechselwirkung zwischen beiden Bereichen.

Während also die **Themen** auf größere, spannungsgeladene Zusammenhänge verweisen, sind die **Untersuchungsgegenstände** etwas Abgegrenztes und viel Konkreteres, das tatsächlich beschrieben und analysiert werden kann. Untersuchungsgegenstände sind gewissermaßen die Beispiele, an denen das Thema bearbeitet wird (Hierzu mehr im Kapitel „Themeneingrenzung"). Die **Fragestellungen** wiederum nehmen Aspekte des Themas auf und formulieren Leitfragen, unter denen die Untersuchungsgegenstände analysiert und interpretiert werden sollen. Die Fragestellungen zielen darauf ab, Antworten zu finden, die die im Thema enthaltene Problemstellung erhellen.

Sie ist in sachlicher, präziser und korrekter Sprache geschrieben. Das ist nötig, damit der Text nachvollziehbar und überzeugend ist. Lesen Sie hierzu bitte auch das Kapitel „Texte überarbeiten" (besonders die Abschnitte D) „Sprache, Ausdruck und Grammatik" und E) „Rechtschreibung und Zeichensetzung").

5. Ein Thema wählen

Häufig haben Sie die Möglichkeit, das Thema Ihrer Hausarbeit relativ frei zu wählen. Für das Thema Ihrer Bachelorarbeit gilt das umso mehr. Meines Erachtens gelten für die Themenwahl **drei wesentliche Kriterien:**

1) Nehmen Sie etwas, das Sie spannend finden, das Sie neugierig macht oder interessiert.

2) Und, fast noch wichtiger: Nehmen Sie etwas, das im Kontext des Seminars, das Sie besucht haben, sinnvoll ist. (Für Bachelorarbeiten: Nehmen Sie etwas, das an ein Seminar anknüpft, das Sie schon besucht haben.) Dann haben Sie schon einige grundlegende Texte, Konzepte und Inhalte kennengelernt und können diese in Ihre Arbeit einfließen lassen. Es ist arbeits- und zeitaufwendig, sich allein in ein Themenfeld einzuarbeiten, die relevante Literatur zu finden und sich die grundlegenden Forschungspositionen zu erschließen. Wenn Sie das nicht schreckt, tun sie es, vorausgesetzt, Ihre Lehrenden sind damit einverstanden. Noch sinnvoller erscheint es mir, innerhalb Ihres Seminarthemas einen Aspekt oder ein Teilgebiet auszuwählen. „Der Appetit kommt beim Essen“, berichten Tutor*innen über diese Herangehensweise.

3) Nehmen Sie etwas, das Sie bearbeiten *können,* in dem Sinne,
   - dass Sie die Sprachen beherrschen, die Sie brauchen, um relevante Quellen und Literatur zu lesen,
   - dass Sie die Schrift entziffern können, in der die relevanten Quellen zu Ihrem Thema geschrieben sind,
   - dass das Material, das Sie auswerten wollen, für Sie erreichbar ist, zum Beispiel über die Bibliothek Ihrer Universität, als Material aus einer Lehrveranstaltung, die Sie besucht haben, über ein Internetportal, das Quellen in digitalisierter Form zur Verfügung stellt, oder in einem Archiv vor Ort (siehe auch unten das Kapitel „Quellen finden“).

Vom Allgemeinen zum Konkreten oder andersherum?

Wenn Sie ein Thema/Themengebiet wählen, kann es sein, dass Sie A) von etwas Großem, einigermaßen Abstraktem ausgehen. Vielleicht interessieren Sie sich angesichts der ungleichen Verteilung von Einkommen, Vermögen und Chancen heutzutage für soziale Gerechtigkeit und wollen wissen, wann und wo es in der Geschichte Versuche gab, sie herzustellen, und wie diese Versuche verlaufen sind. Oder Sie interessieren sich aus aktuellem Anlass für Nationalismus und die Emotionen, die er auslösen kann. Oder Sie interessieren sich für internationale Konflikte und die Frage, was sie anheizt und was sie einhegt. Oder Sie interessieren sich für bestimmte historische Phänomene und Veränderungsprozesse (die Französische Revolution, die Entdeckung Amerikas, die Industrialisierung) und wollen wissen, wie diese erklärt werden können. Von diesen weiten Interessen und Fragen aus gehen Sie weiter und finden bzw. definieren einen Untersuchungsgegenstand, an dem Sie Aspekte dieses übergeordneten Themas exemplarisch genauer untersuchen. Sie können auch von einem theoretischen Konzept ausgehen, das in Ihrem Seminar behandelt worden ist (etwa Max Webers Herrschaftstypen oder Joan Scotts Definition von ‚Gender') und einen Untersuchungsgegenstand suchen, den sie mit Hilfe eines solchen Konzepts durchleuchten wollen.

B) Eine alternative Herangehensweise besteht darin, dass Sie einen relativ konkreten Themenbereich wählen, wie z.B. die schwedische Wohlfahrtspolitik der 1970er Jahre oder die Kuba-Krise von 1962, und von dort aus in zweierlei Richtungen nachdenken:

a) Welches übergeordnete Thema steckt in diesem konkreten Themenbereich?
   Die Kuba-Krise ist gut geeignet, um beispielsweise die Risiken und Dynamiken des Kalten Krieges zu thematisieren. Die schwedische Wohlfahrtspolitik der 1970er Jahre ist ein Beispiel für eine Politik, die soziale Gerechtigkeit anstrebte, unter anderem, indem hohe Steuern erhoben und hohe Transferleistungen gezahlt wurden.

b) Welchen Aspekt dieses konkreten Themenbereichs können Sie auswählen, der klein genug ist, um ihn in der zur Verfügung stehenden Zeit zu bearbeiten?
Beim Thema Kuba-Krise könnten Sie sich zum Beispiel darauf fokussieren, wie sich das Bild der Sowjetunion in den amerikanischen Medien während der Krise gewandelt hat, und dazu Artikel aus relevanten Zeitungen auswählen. Beim Themenbereich „Schwedische Wohlfahrtspolitik" könnten Sie sich – sofern Sie Schwedisch sprechen – auf kritische Beiträge in einer konservativen schwedischen Zeitung konzentrieren. Oder – wenn Sie nicht Schwedisch sprechen – werten Sie Kommentare in deutschen Zeitungen zu dieser Politik aus.

C) Als dritte Möglichkeit bietet sich an, dass Sie von einer konkreten Quelle (einem konkreten Zeitungsartikel, einer mittelalterlichen Urkunde, einer frühneuzeitlichen Kleiderordnung, …) ausgehen und überlegen, welches übergeordnete Thema und welche Fragestellung sich mit ihr bearbeiten lassen.

Nehmen Sie die folgenden beiden Checklisten zur Hilfe, um sich Ihrem Hausarbeitskonzept anzunähern. Sie können „unten" anfangen mit einer konkreten historischen Quelle, die Sie benutzen möchten, oder „oben" mit einem übergeordneten Thema oder mittendrin mit einem Untersuchungsgegenstand. Suchen Sie sich anschließend Gesprächspartner*innen, um zu reflektieren, ob die notierten Aspekte gut aufeinander abgestimmt sind. Vielleicht möchten Sie auch zunächst die folgenden Kapitel lesen, um dann auf diese Checklisten zurückzukommen.

Checkliste zur Themenentwicklung „von oben kommend"

Thema:

Darin enthaltene Problemstellung bzw. übergeordnete Fragestellung:

Untersuchungsgegenstand:

Historische Quelle:

Konkrete Fragestellung:

Beispiel: Themenentwicklung „von oben kommend“

Übergeordnetes Thema: Hexenverfolgung in der Frühen Neuzeit

Darin enthaltene Problemstellung/übergeordnete Fragestellung: Wie war Hexenverfolgung möglich? Wie konnten Menschen an Hexerei glauben? Wie war das Rechtssystem beschaffen, in dem Menschen wegen Hexerei verfolgt und verurteilt wurden?

Untersuchungsgegenstand: Hexenverfolgung in Lemgo im 17. Jahrhundert

Historische Quellen: Die Anklageschriften gegen Maria Blattgerste und Maria Rampendahl

Konkrete Fragestellung: Welche Auskunft geben die Anklageschriften gegen Maria Blattgerste und Maria Rampendahl über den Glauben an Hexerei, die Legitimation und Notwendigkeit der Hexenverfolgung und die rechtlichen Verfahren, die bei der Hexenverfolgung angewandt wurden?

Checkliste zur Themenentwicklung „von unten kommend“

Historische Quelle:

Untersuchungsgegenstand:

Übergeordnetes Thema:

Darin enthaltene Problemstellung bzw. übergeordnete Fragestellung:

Konkrete Fragestellung:

Beispiel: Themenentwicklung „von unten kommend"

Historische Quellen: Die Anklageschriften gegen Maria Blattgerste und Maria Rampendahl wegen Hexerei, (Lemgo, zweite Hälfte 17. Jh.)

Untersuchungsgegenstand: Hexenverfolgung in Lemgo im 17. Jh. (am Beispiel von Maria Blattgerste und Maria Rampendahl)

Übergeordnetes Thema: Hexenverfolgung im 17. Jahrhundert

Darin enthaltene Problemstellung/übergeordnete Fragestellung: Wie war Hexenverfolgung möglich? Welche Vorstellungen von Hexen hatten frühneuzeitliche Menschen? Wie war das Rechtssystem beschaffen, in dem Menschen wegen Hexerei angeklagt und verurteilt wurden?

Konkrete Fragestellung: Welche Auskunft geben die Anklageschriften gegen Maria Blattgerste und Maria Rampendahl über den Glauben an Hexerei, die Legitimation und Notwendigkeit der Hexenverfolgung und die rechtlichen Verfahren, die bei der Hexenverfolgung angewandt wurden?

6. Das Thema eingrenzen

Es ist also nötig, Themen und Untersuchungsgegenstände so zuzuschneiden, dass Sie sie gewinnbringend bearbeiten können. Der Fokus der Untersuchung muss dafür relativ eng sein.

Schematisches Beispiel für eine Themeneingrenzung[5]

Thema: Herrschaftslegitimation und Geschlechterordnung in der Frühen Neuzeit

1. Eingrenzung: ***theoretischer Zugriff***
   „Gender als Kategorie der historischen Analyse" nach Joan Scott
2. Eingrenzung: ***inhaltlich/sachlich***
   Die Selbstdarstellung städtischer Obrigkeiten
3. Eingrenzung: ***räumlich/geographisch***
   Naumburg/Saale
4. Eingrenzung: ***zeitlich***
   Mitte des 17. Jahrhunderts
5. Eingrenzung: ***auszuwertende Quelle***
   Kleiderordnung der Stadt Naumburg/Saale aus dem Jahr 1662
6. Eingrenzung: ***Fragestellung***
   Wie und zu welchem Zweck bezogen sich städtische Obrigkeiten in ihrer Selbstdarstellung auf zeitgenössische Geschlechterdiskurse?

5 Die Eingrenzungskriterien in diesem Kapitel entstanden in Anlehnung an Norbert Franck, Fit fürs Studium. Erfolgreich lesen, reden, schreiben, 7. Auflage München 2004, S. 62f.

Je nach Thema können auch noch andere Eingrenzungskriterien sinnvoll sein, etwa:

Personengruppen (z.B. Ratsherren, Fürstinnen, Bauern, Soldaten, Stahlarbeiter)

Personen (z.B. der Nürnberger Ratsherr Niklas Muffel, die jüdische Kauffrau Glikl bas Juda Leib [Glückel von Hameln], der Politiker Willi Brandt)

Institutionen (z.B. Jugendamt, Sportverein, Theater)

Autor*innen (z.B. Thomas von Aquin, Christine de Pizan, Rosa Luxemburg)

Methode (z.B. statistische Auswertung, Vergleich, Analyse, Interpretation, Diskursanalyse, oral history). Zur „Historischen Methode", die das Herzstück geschichtswissenschaftlichen Arbeitens ist, siehe die Erläuterungen zu Abb. 2 „Ein geschichtswissenschaftlicher Text aus der Vogelperspektive betrachtet" und das Kapitel „Mit Quellen arbeiten und darüber schreiben".

ÜBUNG

Gehen Sie die genannten Eingrenzungskriterien für Ihr Thema durch. Prüfen und notieren Sie jeweils, wie Sie eingegrenzt haben bzw. wie Sie noch eingrenzen können. Lassen Sie die Kriterien aus, die für Ihr Thema nicht passen oder mit denen Sie nichts anfangen können. Finden Sie gegebenenfalls weitere Kriterien, die für Ihre Arbeit sinnvoll sind. Anschließend kommen Sie mit jemand anderem ins Gespräch. Erläutern Sie Ihre Eingrenzung und lassen Sie sich beraten – sieht Ihr*e Gesprächspartner*in Spielraum, um noch weiter einzugrenzen?

Einen Arbeitstitel formulieren

Im Anschluss an die schrittweise Eingrenzung empfiehlt es sich, einen Arbeitstitel zu formulieren. Er dient als Erinnerungsstütze für das, was man eigentlich vorhat. Er hilft, die Forschungsrichtung beizubehalten und zu bemerken, wenn man abschweift. Für das obige

Beispiel könnte er lauten: „Die Selbstdarstellung von Bürgermeister und Rat der Stadt Naumburg an der Saale als Väter der Stadtbewohner. Eine Analyse der Einleitung zur Naumburger Kleiderordnung aus dem Jahr 1662 unter Verwendung von Joan Scotts Gender-Begriff." Der Arbeitstitel ist meistens nicht mit dem Titel identisch, den man schließlich auf das Deckblatt schreibt. Dieser Titel darf gerne etwas „knackiger" sein und schon mehr vom Ergebnis verraten. Für die Arbeit im Beispiel könnte der Titel lauten: *„Aus pflichtväterlicher Fürsorge*. Die Selbstdarstellung des Rates der Stadt Naumburg an der Saale am Beispiel der Kleider- und Hochzeitsordnung aus dem Jahr 1662".

7. Auf dem Weg zur Fragestellung

Was macht eine gelungene Fragestellung aus? Die dänische Hochschul- und Schreibdidaktikerin Lotte Rienecker hat folgende Kriterien zusammengestellt:

Eine gelungene Fragestellung

- ist interessant für die*den Schreibende*n,
- ist relevant für das Thema,
- orientiert sich an einem Problem/Widerspruch/einer Irritation,
- beruht oft auf:
  - Auffassungen, die nicht überzeugen („es heißt … , aber bei näherem Hinsehen …"),
  - der Beziehung zwischen x und y,
  - einer Beobachtung, die heraussticht,
  - einem Gefühl der Verwunderung,
- macht es möglich, etwas zu diskutieren und zu argumentieren,
- und macht es möglich, etwas zu schlussfolgern,
- hat die Form einer Frage oder einer Aussage/These/Behauptung (also von etwas, das gezeigt werden soll),
- hat eine klare Hauptfrage (und Unterfragen),
- ist klar formuliert,
- ist in der Einleitung klar zu erkennen,
- ist kurz, vorzugsweise nicht länger als 10 Zeilen.[6]

Der Prozess, eine bearbeitbare und spannende Fragestellung zu formulieren, verläuft über mehrere Stufen, die in dieser Abbildung schematisch veranschaulicht sind:

---

6 Lotte Rienecker, Research Questions and Academic Argumentation: Teaching Students How to Do It Using Formats and Model-Examples, in: Otto Kruse/Eva-Maria Jakobs/Gabriela Ruhmann (Hg.), Schlüsselkompetenz Schreiben. Konzepte, Methoden, Projekte für Schreibberatung und Schreibdidaktik an der Hochschule, 2. Auflage, Bielefeld 2003, S. 98.

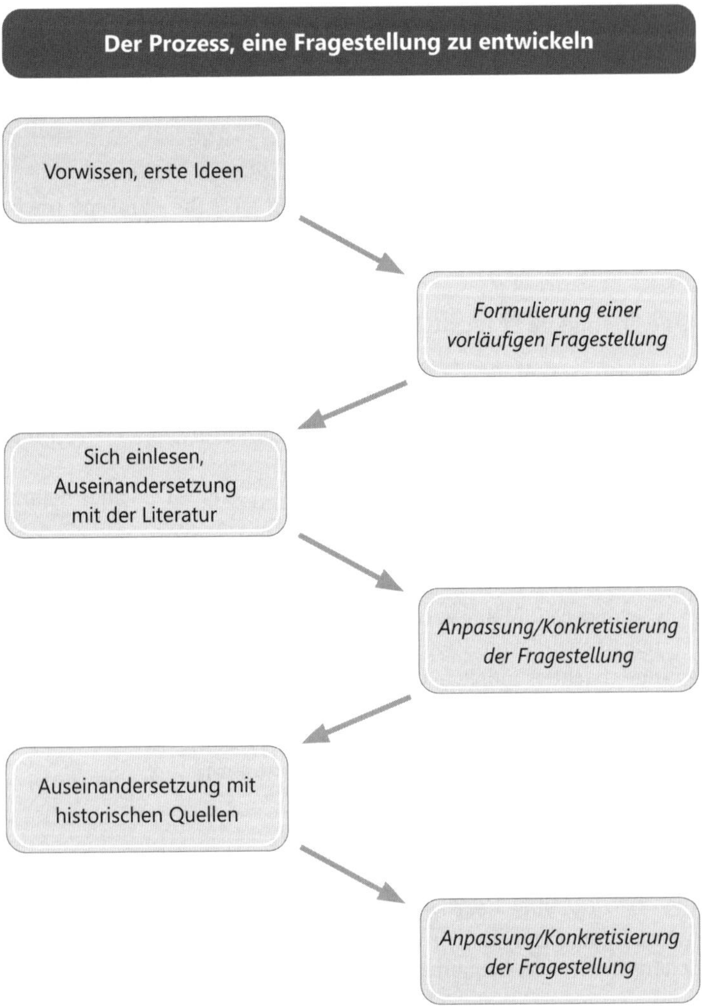

Abbildung 1: Der Prozess, eine Fragestellung zu entwickeln[7]

7 In Anlehnung an eine Folie aus dem Schreiblabor, Universität Bielefeld. Vgl. auch Andrea Frank/Stefanie Haacke/Swantje Lahm, Schlüsselkompetenzen: Schreiben in Studium und Beruf, 2. aktualisierte und erweiterte Auflage, Stuttgart 2013, S. 34f.

Es ist unwahrscheinlich, dass man gleich zu Beginn der Arbeit an einem Thema in der Lage ist, eine spannende und bearbeitbare Fragestellung zu formulieren. Vielmehr „bohrt" man sich allmählich tiefer in sein Thema hinein und wird in der Auseinandersetzung mit Literatur und Quellen spezifischer und zielgenauer mit seinen Fragen. Trotzdem muss der Prozess, eine Fragestellung zu entwickeln, irgendwann abgeschlossen werden. Die Fragestellung, für die Sie sich nach hinreichender Auseinandersetzung mit Ihrem Thema entschieden und die sie mit Ihren Lehrenden abgesprochen haben, sollten Sie quasi bei den Hörnern packen und durcharbeiten.

Es folgt nun eine Übung zur Entwicklung von Fragestellungen. Sie funktioniert am besten, wenn Sie sich schon ein wenig in Ihr Thema eingelesen haben. Anschließend erläutere ich Aspekte des Prozesses, eine Fragestellung zu entwickeln, etwas eingehender. In diesem Zusammenhang gebe ich auch Hinweise, wie Sie Literatur finden können, die Sie in Ihr Thema einführt.

ÜBUNG zur Entwicklung einer Fragestellung:

Suchen Sie sich aus der folgenden Liste drei oder vier Fragen aus, von denen Sie sich angesprochen fühlen.

Fragen zum Entwickeln einer Fragestellung:

1. Worum geht bei meinem Thema?
2. Was waren meine ersten Bilder und Ideen zu meinem Thema?
3. Was an dem Thema fesselt mein Interesse besonders?
4. Was verstehe ich nicht? Was finde ich irritierend? Was erstaunt mich? Was verblüfft mich?
5. Was ist in der Forschung umstritten? Welche Forschungsposition finde ich plausibler?
6. Will ich in meiner Arbeit etwas Bestimmtes zeigen oder beweisen? Wenn ja, was?
7. Will ich jemanden widerlegen? Schreibe ich gegen jemanden an?
8. Warum ist das Thema wichtig? Warum sollte man sich damit beschäftigen?

Schreiben Sie zu jeder der Fragen, die Sie ausgewählt haben, jeweils ca. 5 Minuten lang drauflos. Schreiben Sie alles auf, was Ihnen dazu einfällt, ein wenig so, als würden Sie non stop reden. Diese Methode heißt Freewriting und dient dazu, erste Gedanken aufs Papier zu bringen, auch Halbbewusstes und Unverhofftes. Günstig ist es, wenn Sie nach jeder fünfminütigen Schreibphase einem Kommilitonen oder einer Kommilitonin erzählen, was Sie geschrieben haben, so dass Sie auch mündlich ausdrücken, was Ihnen eingefallen ist und worüber sie nachdenken. Ihr*e Partner*in darf selbstverständlich nachfragen und eigene Überlegungen beisteuern.

Am Ende dieses drei- bis viermaligen Schreibens und Sprechens bitten Sie die Person, der Sie berichtet haben, den folgenden Satz schriftlich zu vervollständigen:

Ich habe den Eindruck, Dich interessiert insbesondere die Frage: ...
(Hier sollte ein Fragesatz folgen, nicht nur ein Schlagwort.)

Lesen und hören Sie, was Ihr*e Partner*in als Ihre Fragestellung herausgehört hat, und formulieren Sie dann für sich selbst:

*„Mein*e Partner*in ist der Ansicht, ich würde mich vor allem für die Frage interessieren, ... Tatsächlich interessiere ich mich vor allem für die Frage: ...*

Vielleicht hat der oder die Andere ziemlich genau getroffen, was Sie interessiert, und Sie wollen es nur noch ein wenig zuspitzen. Vielleicht liegt er oder sie daneben - dann stellen Sie es für sich richtig und formulieren Ihre Fragestellung klarer.

Studierende, die diese Übung in Schreibwerkstätten durchgeführt haben, berichten oft, dass sie auf diese Weise eine Fragestellung gefunden haben oder ihr zumindest näher gekommen sind.

Aspekte der Entwicklung von Fragestellungen

Ausgangspunkte: Gehen Sie zunächst von Ihren Vorstellungen und in gewisser Weise auch von Ihren Vorurteilen aus. Was sind die ersten Bilder, die Ihnen zu Ihrem Thema in den Sinn kommen? Oder: Wie haben Sie anfänglich über Ihr Thema gedacht? Damit bekommen Sie vermutlich zu fassen, wie Ihr Thema in der Gesellschaft erzählt und bewertet wird – zumeist sicherlich geprägt von Medien und gesellschaftlichen Stimmungen. „Man“ scheint zu wissen, wie etwas war, es gehen Legenden und Vorstellungen um, die auch Sie vermutlich auf die eine oder andere Weise erreicht haben. Ihre anfängliche Fragestellung mag dann darauf abzielen, Zusammenhänge, die gemeinhin hergestellt werden, zu überprüfen oder Mythen zu dekonstruieren. (Von dem Vorurteil ausgehend, dass Frauen, die als Hexen galten, häufig rote Haare hatten, könnten Sie fragen: Welches waren körperliche Kennzeichen, an denen Hexenverfolger meinten, eine Hexe identifizieren zu können? Waren Frauen, die als Hexe verfolgt wurden, in irgendeiner Weise körperlich auffällig?)

Sich einlesen: Nachdem Sie sich Ihre Vorstellungen und Vorannahmen bewusst gemacht und am besten auch notiert haben, fangen Sie an sich einzulesen. Das setzt voraus, dass Sie zunächst Literatur suchen und finden, die Ihnen einen Einstieg in Ihr Thema ermöglicht und einen ersten Überblick gibt. Es spricht nichts dagegen, auch erst einmal Wikipedia-Artikel zu lesen. Häufig genug sind sie gar nicht schlecht oder auch ziemlich gut, auch wenn sie nicht zitierfähig sind – schließlich weiß man nicht, wer sie geschrieben hat und auch die intersubjektive Überprüfbarkeit ist nicht immer gegeben. Als nächstes – besser noch als erstes – bieten sich Artikel aus Fachlexika an. Mein derzeitiges Lieblingsnachschlagewerk ist die *Enzyklopädie der Neuzeit (EdN)*. Sie ist in den Jahren 2005–2012 erschienen, es gibt auch eine Online-Ausgabe, auf die Sie über die Seiten Ihrer Universitätsbibliothek vermutlich unproblematisch zugreifen können. Die EdN bietet hochwertige Artikel zu Themen für die Zeit zwischen 1450 bis 1850. Die Artikel skizzieren den Forschungsstand zu den einzelnen Stichwörtern bzw. Phänomenen, liefern sachliche Darstellungen und wichtige bibliographische Angaben, die auf weitere wissenschaftliche Literatur verweisen. Weitere bekannte und anerkannte Fachlexika sind zum Beispiel die *Enzyklopädie des Holocaust*, die *Enzyklopädie Erster Weltkrieg*, das *Lexikon des Mittelalters* und die *Enzyklopädie des Mittelalters.* Für zeitgeschichtliche Themen (das heißt Themen der jüngsten Geschichte) lohnt sich ein Blick auf das spannende und seriöse Projekt *docupedia-Zeitgeschichte* im Internet. Es ist „ein Nachschlagewerk zu zentralen Begriffen, Konzepten, Forschungsrichtungen und Methoden der zeithistorischen Forschung. Vorgestellt wird das Spektrum der in der zeithistorischen Forschung behandelten Themen und der damit verbundenen methodischen Fragen und Zugriffe. Dokumentiert werden Debatten, von denen Impulse für Forschungspraxis und Selbstverständnis des Fachs ausgegangen sind. Dabei bezieht Docupedia-Zeitgeschichte auch theoretische Ansätze aus benachbarten Disziplinen mit ein."[8]

Eine weitere wichtige Textsorte, die dem „sich Einlesen" dient (und auch schon darüber hinausführen kann), ist die Einführungs- und Überblicksliteratur. „Beck wissen" aus dem Beck-Verlag, „Enzyklopädie Deutscher Geschichte" vom Oldenbourg Verlag, „Geschichte kompakt" von der Wissenschaftlichen Buchgesellschaft (WBG) sind bekannte Publikationsreihen, in denen Sie wahrscheinlich Bände finden werden, die in dieser Phase Ihrer Arbeit hilfreich sind. Auch bei UTB gibt es entsprechende Bücher. Sie sind von Fachleuten geschrieben, die die Themen anschaulich und überblicksartig vorstellen und in der Regel auch in die Forschungsdiskussion einführen. Darin finden Sie oft, meist am Ende, auch Hinweise auf Quellen und Quelleneditionen sowie auf wichtige wissenschaftliche Literatur.

Wenn Sie in dieser Art von Literatur „herumgelesen" haben, lohnt es sich noch einmal zu notieren: Was fanden Sie besonders interessant? Haben sich Ihre Vorannahmen bestätigt? Scheint Ihre erste/vorläufige Fragestellung schon beantwortet zu sein? Wenn ja, wie? Scheint Ihnen jetzt ein anderer Aspekt wichtiger als der der körperlichen Merkmale von angeblichen Hexen? Vielleicht möchten Sie die Richtung Ihrer Frage nun auch verschieben. Sie haben inzwischen sicherlich etwas darüber gelesen, dass Beschuldigten unter der Folter Geständnisse abgepresst wurden. Nun könnten Sie fragen, was in Verhörprotokollen festgehalten wurde, um nachzuweisen, dass der bzw. die Verhörte der Hexerei schuldig war, und wie das mit den zeitgenössischen Definitionen von Hexe und Hexerei zusammenhing.

---

8 So die Infoseite des Portals: http://docupedia.de/zg/Docupedia:Über_Docupedia (Abrufdatum 06.09.2020).

Ihre Fragestellung und der Forschungsstand: Je weiter Sie in Ihrem Studium voranschreiten, desto wichtiger ist es, dass Sie die Forschungsdiskussion zu Ihrem jeweiligen Thema zumindest in groben Zügen überblicken und Ihre eigene Fragestellung dazu in Beziehung setzen. Glücklicherweise gibt es für viele Themenbereiche Texte, die einen Überblick über die großen Linien der Forschungsdebatte geben, etwa in der oben schon genannten Einführungsliteratur und in Fachlexika. Aber auch wissenschaftliche Texte, die neue Forschungsergebnisse präsentieren, zum Beispiel Dissertationen (Doktorarbeiten) oder Habilitationen, schildern oft den bisherigen Forschungsstand zum jeweiligen Thema. Das geschieht meist in der Einleitung, manchmal auch in einem speziellen Kapitel. Beachten Sie bitte, dass diese Studien über die bisherige Forschung hinausgehen wollen. Die Ergebnisse dieser neuen Arbeiten sollten Sie in Ihre Darstellung des Forschungsstandes einarbeiten.

Leitfragen, unter denen Sie sich den Forschungsstand zu Ihrem Thema erschließen können:

- Was wollten Historiker*innen bisher wissen? Unter welchen Fragestellungen haben sie das Themengebiet bearbeitet?
- Welche Perspektive haben sie auf das Thema eingenommen? Perspektive meint: Wurde das Thema beispielsweise unter sozialgeschichtlichen Fragestellungen bearbeitet, die soziale Gruppen, Schichten, Vermögensunterschiede, wirtschaftliche Verhältnisse und ihre allmähliche Veränderung in den Blick nehmen? Wurde es unter kulturgeschichtlichen Fragestellungen bearbeitet, die zum Beispiel auf Handlungsmuster (Praktiken), typische Sprech- und Schreibweisen (Diskurse) und Bedeutungen (Werte, Deutungen, Bewertungen) abzielen? Oder standen global-, verfassungs- oder wirtschaftsgeschichtliche Fragen im Mittelpunkt?
- An welchen Untersuchungsgegenständen bzw. Fallbeispielen haben Historiker*innen das Thema bearbeitet?
- Was sind die zentralen Thesen bzw. Ergebnisse der bisherigen Forschung?
- Was sind Streitpunkte oder Kontroversen?

Wenn Sie das im Groben überblicken, können Sie überlegen, wo Sie sich mit Ihrem Hausarbeitsprojekt in dieser Forschungslandschaft verorten. Vielleicht löst etwas, das Sie in der Forschung lesen, Ihren Widerspruch aus. Dann sollten Sie Ihr Unbehagen beschreiben und sich ein kleines Forschungsprojekt ausdenken, mit dem Sie die ältere These überprüfen können. Oder Sie stellen fest, dass etwas in der Forschung umstritten ist, und prüfen an einem konkreten Beispiel, zu welchen Ergebnissen Sie selber kommen. Oder Sie überprüfen an einem Beispiel aus der Region, in der Sie leben, ob sich ein Phänomen auch dort so darstellt, wie es in der Forschung beschrieben wird. Oder – im eher unwahrscheinlichen Idealfall – Sie entdecken tatsächlich eine Forschungslücke, das heißt, Sie stellen fest, dass ein bestimmter Aspekt eines Themas noch nicht behandelt wurde bzw. noch nicht aus einer bestimmten Perspektive behandelt wurde. Für Studierende ist das allerdings fast nicht zu leisten, weil Sie sich schlichtweg noch keinen vollständigen Überblick über die bisherige Forschung erarbeiten können.

Manche Lehrende plädieren dafür, dass Sie den Argumentationsgang eines einzelnen geschichtswissenschaftlichen Textes nachzeichnen und kritische Fragen an ihn richten. Davon ausgehend sollen Sie sich dann ein konkretes Beispiel suchen, an dem Sie die ältere These überprüfen können und womöglich sogar eine neue These formulieren.

Entscheidungen treffen: Eine Fragestellung zu formulieren hat auch etwas damit zu tun, Entscheidungen zu treffen. Wollen Sie über die Frühzeit eines Phänomens und seine Entstehung arbeiten? Dann fragen Sie vermutlich danach, was seine Entstehung begünstigt hat, nach Anstößen, Konstellationen, Faktoren oder sozialen Praktiken. Oder interessieren Sie sich für die Hochphase? Dann können Fragen danach sinnvoll sein, wie das Phänomen von Zeitgenossen gehandhabt, aktualisiert und diskursiv verhandelt wurde. Oder konzentrieren Sie sich auf Auflösungserscheinungen? Dann sind wiederum Fragen nach Faktoren, Kontexten, Reaktionen und Spätformen denkbar. Sie könnten auch danach fragen, wie ein Phänomen oder ein Ereigniskomplex zu einem späteren Zeitpunkt wahrgenommen, erinnert und diskutiert wurde. Alle Aspekte eines Themas können und sollen Sie in einer Haus- oder Bachelorarbeit jedenfalls nicht intensiv behandeln. Das wäre eher eine Aufgabe für die Autor*innen von Handbüchern. Eine solche umfassende Darstellung würde es auch nicht erlauben, eine kleine Untersuchung durchzuführen.

8. Literatur finden

Von welcher Literatur ist hier die Rede? Es geht um wissenschaftliche, insbesondere geschichtswissenschaftliche Literatur, die Sie für Ihre Hausarbeit im Geschichtsstudium verwenden können. Sie brauchen Aufsätze, Artikel und Bücher, die von Wissenschaftler*innen mit einer universitären Ausbildung geschrieben und von wissenschaftlichen Verlagen publiziert wurden.

Wenn Sie Texte aus dem Internet verwenden wollen, müssen Sie besonders gründlich prüfen, wer sie geschrieben und wer sie wann und wo veröffentlicht hat. Denn im Internet kann jeder veröffentlichen: Schulklassen die Ergebnisse ihrer Projektarbeit, Hobby-Historiker*innen ihre Texte. Dieses Material ist nicht zitierfähig. Es ist denkbar, dass es nur auf Informationen beruht, die von den Autor*innen ihrerseits ergoogelt wurden. Sie sollten es nicht verwenden.

Es gibt im Internet durchaus Portale, über die Sie auf seriöse Texte zugreifen können, die in wissenschaftlichen Verlagen veröffentlicht wurden. Dazu gehören zum Beispiel *DigiZeitschriften. Das deutsche digitale Zeitschriftenarchiv* (www.digizeitschriften.de/startseite/) oder *Jstor* (www.jstor.org/). Viele Universitätsbibliotheken ermöglichen ihren Nutzer*innen den Zugriff auf das, was hier hochgeladen ist. Um z.B. Jstor auch von zuhause aus nutzen zu können, brauchen Sie eine Web-Authentifizierung Ihrer Hochschule. Man kann viel Zeit damit verbringen, sich in diesen Portalen zu orientieren. Sie müssen sich klar machen, was darin zu finden und was darin nicht zu finden ist. Eine erste Orientierung bieten die Beschreibungen dieser Portale auf deren Startseiten. Und Sie sollten wissen, was Sie eigentlich suchen.

Ich möchte Sie eindringlich ermutigen, zunächst die folgenden Wege zu beschreiten, die sich ergänzen und die Sie auch alle drei nutzen sollten:[9]

1) Die Schneeballsuche – von thematisch einschlägigen, neueren wissenschaftlichen Texten ausgehend hangeln Sie sich über die Fußnoten und Literaturverzeichnisse zu weiterer Literatur. Den Anfangspunkt können Artikel in neueren Fachlexika bilden. Sie können auch neuere Texte, die Sie in der Lehrveranstaltung gelesen haben, daraufhin durchsehen, auf welche Literatur darin verwiesen wird. Gut geeignet sind auch die Literaturverzeichnisse neuerer Einführungs- und Überblickswerke (siehe oben das Kapitel „Eine Fragestellung entwickeln – sich einlesen") oder neue umfangreiche Arbeiten zu Ihrem Themenfeld, die Sie möglicherweise über den Bibliothekskatalog finden. Beachten Sie, dass die Literaturtitel, die Sie über eine Veröffentlichung finden, zwangsläufig älter sind als diese Veröffentlichung selbst. Wenn Sie also mit einem Buch aus dem Jahr 1997 starten, erschließt sich Ihnen die Literatur- und Forschungslage nur bis zu diesem Zeitpunkt. Und was 1997 als neuer Forschungsansatz galt, ist heute schon Forschungsgeschichte.

2) Die Nutzung von fachspezifischen Literaturdatenbanken und Bibliographien. Fachspezifische Literaturdatenbanken haben zwei große Vorteile. Sie verzeichnen selbständig erschienene Literaturtitel (also Bücher) und solche von unselbständig erschienen Texten (also von Aufsätzen, die in Sammelwerken oder wissenschaftlichen Zeitschriften veröffentlicht wurden). Zugleich sind solche Literaturdatenbanken jeweils auf ein Fachgebiet fokussiert. Die Trefferlisten bleiben dadurch überschaubar und quellen nicht mit Hinweisen auf fachfremde Veröffentlichungen über.

Welche Datenbanken können Sie konkret nutzen? Ein wichtiges Portal, das viele gut geeignete Literaturdatenbanken zusammenbindet, ist historicumSEARCH (https://www.historicum.net/recherche/historicumsearch). Dieses Rechercheinstrument ist Teil des Fachinformationsdiensts Geschichtswissenschaft (FID), der

9 Ausführlichere Erläuterungen zur Recherche von geschichtswissenschaftlicher Literatur finden Sie in Doina Oehlmann, Erfolgreich recherchieren – Geschichte, Berlin u.a. 2012.

von der deutschen Forschungsgemeinschaft (DFG) gefördert und unter anderem von der Bayerischen Staatsbibliothek betreut wird. Für den Bereich der mittelalterlichen und frühneuzeitlichen Geschichte ist RI OPAC ein gutes Rechercheinstrument (http://opac.regesta-imperii.de/lang_de/). Sehr empfehlenswert sind auch *International Medieval Bibliography,* die auch unter dem Titel *Brepolis Medieval and Early Modern Bibliographies* zu finden ist. (http://cpps.brepolis.net/bmb/search.cfm). Mit dem VPN-Client Ihrer Universität können Sie auch von zuhause aus darauf zugreifen. Für die Literatur zur Alten Geschichte ist *Gnomon Bibliographische Datenbank* ein wichtiges Suchinstrument (https://www.gbd.digital). Für neuzeitliche Themen sind *Historical Abstracts* zentral, die allerdings Veröffentlichungen zur amerikanischen und kanadischen Geschichte aussparen. Es gibt eine Vielzahl von weiteren fachspezifischen Datenbanken. Zugang erhalten Sie über das Datenbank-Infosystem DBIS, das Sie über die Seiten Ihrer Universitätsbibliothek aufrufen können.

Wenn Sie fachspezifische bibliographische Datenbanken benutzen, sollten Sie sich bewusst machen, wo jeweils ihre Grenzen liegen. Was decken die einzelnen Datenbanken ab und was lassen sie außen vor? Bis zu welchem Jahr sind sie aktualisiert? Welche Zeitschriften und Publikationsreihen sind darin ausgewertet? Lesen Sie die Beschreibungen der Datenbanken auf deren Hauptseiten.

Bei der Nutzung von Datenbanken und Online-Katalogen ist es meist nötig, zwischen Schlagworten und Stichworten zu unterscheiden. Stichworte kommen im Titel einer Literaturangabe vor, Schlagworte geben übergeordnete Themenbereiche an, in die ein Literaturtitel eingeordnet wurde. Variieren Sie die Eingabe und beobachten Sie, ob und wie sich die Ergebnisse verändern. Außerdem ist es oft nützlich, sogenannte Trunkierungen zu benutzen (also „hexe*“ statt „hexe“ einzugeben, weil dann auch alle Wortformen und Wortverbindungen angezeigt werden, die mit „hexe“ beginnen).

Übrigens: Literaturdatenbanken vermitteln Ihnen keineswegs immer den Zugriff auf die Texte selbst. Nur manchmal sind digitale Fassungen hinterlegt und oft braucht es mehrere Klicks, um dorthin zu gelangen. Die Datenbanken liefern in erster Linie die bibliographischen Angaben, mit denen Sie Texte in Ihrer Bibliothek, notfalls per Fernleihe, besorgen können.

3) Der Bibliothekskatalog. Der Katalog Ihrer Universitätsbibliothek, auch OPAC genannt, ist vor allen Dingen dazu da, Literatur zu finden und zu besorgen, von deren Existenz Sie auf anderem Wege (Schneeballsuche, Fachdatenbanken und Bibliographien) erfahren haben. Sicherlich kann es sich lohnen, passende Suchstichwörter in die Suchmaske einzugeben und zu sehen, welche Ergebnisse der Computer Ihnen präsentiert. Möglicherweise werden sehr viele Treffer angezeigt, so dass Sie sehr sorgsam auswählen müssen, was Sie sich tatsächlich ansehen werden. Sie können Ihre Suche auch spezifizieren, riskieren dann wiederum, dass es kaum noch Treffer gibt. Manchmal geben Studierende das Thema ihrer geplanten Hausarbeit in das Suchfeld des OPAC ein (z.B. „Hexenverfolgung in Lippe") und erhalten keine oder nur sehr wenige Treffer. (In diesem Fall führt der Eintrag im OPAC der Universitätsbibliothek Bielefeld zu einer einzigen Publikation aus dem Jahr 1977.) Sinnvoller ist es die Suchanfrage offener zu formulieren. Schon die Stichwortkombination „hexe* lippe" bringt bessere Ergebnisse.

Keineswegs darf der Katalog Ihrer Universitätsbibliothek der einzige Weg sein, auf dem Sie Literatur suchen, denn Aufsätze (unselbständige Literatur) zu Ihrem Thema können Sie damit nicht suchen. Der OPAC kann nur die Titel von monographischen Werken, Zeitschriften und Sammelwerken anzeigen, also die sogenannte „selbständige Literatur". Außerdem werden nur solche Werke angezeigt, die in Ihrer Bibliothek auch vorhanden sind. Auch Funktionen wie *Artikel und mehr* oder *Web-Dokumente (BASE)*, die der *Katalog. plus* etwa der Bielefelder Universitätsbibliothek einbezieht, können nicht mit fachspezifischen Suchinstrumenten mithalten. Was Sie etwa mit BASE zu sehen bekommen, ist vergleichsweise viel unvollständiger und zufälliger als das, was fachspezifische Literaturdatenbanken Ihnen zeigen können.

Ein häufiges Problem: Studierende beschränken sich darauf, im Bibliothekskatalog ein paar Stichworte aus ihrem Themenfeld einzugeben. Auf diese Weise werden sie nur zu Büchern geführt, die oft älteren Datums und sehr unspezifisch sind. Aktuelle Aufsätze aus Sammelbänden oder Fachzeitschriften finden sie auf diese Weise nicht. Ein inzwischen recht altes Buch, das auf diese Weise viel verwendet wird, ist „Die Frau im Mittelalter" von Shulamith Shahar aus dem Jahr 1981.

Wie geht es besser? Neuere Aufsätze, von denen Sie unbedingt mehrere für Ihre Arbeit verwenden sollten, finden Sie relativ leicht, wenn Sie in einer passenden Literaturdatenbank Stichworte eingeben.

Es ist übrigens notwendig, außer sehr spezifischer Literatur (etwa zur Hexenverfolgung in Lippe) auch allgemeinere, übergeordnete Werke anzusehen. Was Historiker*innen in den letzten Jahren über Muster, Motive, Formen und Konjunkturen von Hexenverfolgung geschrieben haben, auch in Überblicksartikeln (z.B. in der Enzyklopädie der Neuzeit) oder in Einführungsliteratur, ist nützlich, um Aspekte der Hexenverfolgung in Lippe in größere Zusammenhänge einordnen zu können.

Wer hilft Ihnen, wenn Sie alleine nicht weiter kommen? Bibliothekar*innen sind Profis der Literaturrecherche. Und es ist ihre Aufgabe, Hochschulangehörige (dazu gehören auch Sie) bei der Recherche zu unterstützen. Wenn Sie Fragen haben oder im Wust der Datenbanken den Überblick verlieren, holen Sie sich bitte bei ihnen kompetente Hilfe.

Ihre Literaturrecherche hat Sie vermutlich zu einer Reihe von Literaturtiteln geführt. Mit Hilfe dieser Angaben können Sie sich die Texte in der Bibliothek Ihrer Universität oder notfalls über die Fernleihe besorgen. Manche Texte können Sie vielleicht tatsächlich als pdf im Internet abrufen. Das kann im Einzelfall allerdings mühsam sein. Portale, die pdfs von wissenschaftlicher Literatur anbieten, sind manchmal schwierig zu bedienen. Der Gang in die Bibliothek und zum Drucker oder Scanner kann viel einfacher sein.

9. Literatur auswerten

Das Lesen wissenschaftlicher Texte ähnelt dem Autofahren. Viele Einzelaktivitäten, die Fahrschüler*innen noch bewusst erinnern und mühevoll umsetzen müssen (kuppeln, schalten, Blick in den Seitenspiegel, ...), führen geübte Fahrer*innen wie selbstverständlich aus und haben dabei auch noch die jeweilige Verkehrssituation im Blick. Professionelles Lesen setzt sich ebenfalls aus einer Vielzahl von Einzelaktivitäten, Einschätzungen und Entscheidungen zusammen. Erfahrene Leser*innen passen ihr Leseverhalten der jeweiligen Situation an, die sowohl von den eigenen Interesse und Zielen abhängt, als auch von dem, was sie vor sich haben. Sie machen, um im Bilde zu bleiben, gelegentlich eine Spritztour, bei der sie aufs Geratewohl in der Gegend herumfahren. Meistens überlegen sie jedoch vor dem Losfahren, wo sie hinwollen und was die Fahrt ihnen bringen soll. Bei größeren Touren studieren sie vorm Losfahren eine Karte, um einen Überblick über das Terrain und das Straßennetz zu erhalten. Sie beschleunigen oder verlangsamen ihre Fahrt, betrachten einzelne Hinweisschilder sehr genau, nehmen Abkürzungen, überschreiten auch mal die Geschwindigkeitsbegrenzung. Sie brausen über die Stadtautobahn und eilen zu dem Viertel, in dem sie bestimmte Straßenzüge aufmerksam ansehen wollen. Niemand zwingt sie, eine lange Strecke gleichmäßig bei Tempo 30 abzufahren und sich am Ende der Fahrt an alle Details zu erinnern. In ihren Erzählungen von der Reise werden Profis sicherlich nur die Region nennen, in der sie unterwegs waren, die Highlights der Strecke hervorheben und was die Fahrt ihnen gebracht hat.

Noch ein Vergleich: Wissenschaftliche Texte sind wie die gegnerische Mannschaft in einem hochklassigen Fußballspiel. Es wäre dumm, sie nicht vor dem Anpfiff zu analysieren. Zu wissen, ob man auf eine zufällig zusammengewürfelte Mannschaft in der Kreisliga trifft oder auf das eingespielte Team eines international erfolgreichen Clubs, macht einen Unterschied, wenn ein Trainer sein Team auf ein Match vorbereitet. Es ist viel wert, über die Aufstellung der gegnerischen Mannschaft und deren typische Spielweise informiert zu sein, wenn man sich in der Begegnung behaupten will. Übertragen auf die Arbeit mit wissenschaftlicher Literatur heißt das: Bevor Sie einen wissenschaftlichen Text lesen, sollten Sie sich klar machen, mit wem oder was Sie es eigentlich zu tun haben und wie „der Gegner" aufgestellt ist. Dann können Sie Ihre Spielweise bzw. Ihre Lesestrategie besser planen. Oder Sie entscheiden, sich mit dieser Rumpeltruppe gar nicht erst abzugeben. Und besonders schwierige Texte aus der Königsklasse wollen Sie vielleicht zum jetzigen Zeitpunkt auch nicht lesen.

Wie können Sie also sinnvoll mit den Texten umgehen, zu denen Ihre Literaturrecherche Sie geführt hat? Die erste Durchsicht eines Textes sollte der Entscheidung dienen, ob Sie ihn überhaupt lesen wollen. Das zweite Durchblättern sollte Sie zu einer Einschätzung führen, wie gründlich Sie ihn anschauen und auswerten wollen, ob das bald geschehen soll oder noch warten kann. Dabei nehmen Sie vielleicht auch schon wahr, welche Kapitel und Passagen für Sie besonders wichtig sein könnten. Alles von vorne bis hinten gründlich zu lesen ist jedenfalls weder sinnvoll noch möglich. Nur einige Zeilen oder Seiten herauszupicken, ohne den Zusammenhang des jeweiligen Textes zu überblicken, ist ebenfalls keine Lösung. Missverständnisse wären dadurch vorprogrammiert. Es ist also nötig, den Text, zumindest im Groben, als Ganzes zu erfassen. Anschließend können Sie relevante Abschnitte aufmerksam lesen und mit Ihrer Fragestellung im Hinterkopf durcharbeiten.

Am besten orientieren Sie sich bei Ihrer Arbeit mit Texten an den **Lesestrategien professioneller Historiker*innen.** Forschung zu deren Leseverhalten hat ergeben, dass Historiker*innen jedenfalls prüfen, mit was für einem Text sie es zu tun haben. Grundlegend ist, dass sie die *Textsorte identifizieren,* denn Textsorten dienen unterschiedlichen Zwecken: Lexikonartikel liefern schnelle, sachliche Informationen. Einführungsliteratur und Handbücher stellen Überblickswissen bereit; monographische Einzelstudien präsentieren neue Forschungsergebnisse, machen zugleich nachvollziehbar, wie diese Ergebnisse gewonnen wurden und was für sie spricht. Ähnlich verhält es sich mit den meisten Aufsätzen in wissenschaftlichen Zeitschriften oder Sammelwerken. Professionelle Leser*innen prüfen, *ob es sich um einen neuen oder einen älteren Text handelt,* *wann und wo er entstanden ist und veröffentlicht wurde.* Das verbinden sie mit ihrem Wissen über die Entstehungszeit und den Entstehungskontext des Textes. Offensichtlich wird ein deutscher Historiker während der Nazi-Zeit ein Thema anders bearbeitet haben als eine Historikerin in den 1990er Jahren. Einen Text, der von einem anerkannten wissenschaftlichen Verlag publiziert wurde, werden sie ernster nehmen, als einen Text, der auf der Internetseite einer Privatperson zu finden ist. Außerdem prüfen sie, *wer den Text geschrieben hat:* Eine Nachwuchswissenschaftlerin? Ein Hobby-Historiker? Eine anerkannte Professorin? Steht er oder sie für eine bestimmte Richtung der Geschichtswissenschaft? Profis beschäftigen sich mit dem *Titel des Textes* und formulieren innerlich inhaltliche Fragen, die die Lektüre ihnen beantworten soll. Bei Büchern gibt ihnen oft der *Klappentext* schon wichtige Informationen über Inhalt und Stoßrichtung eines Textes, die sie neugierig machen, bestimmte Aspekte genauer anzusehen. Sie achten auf *Begriffe,* die zentral zu sein scheinen – bei der Lektüre werden sie dann darauf achten, wie diese Begriffe definiert sind und wie die Begriffswahl den Gang der Argumentation beeinflusst. Anhand von *Inhaltsverzeichnissen und Zwischenüberschriften* verschaffen sie sich einen Eindruck, wovon der Text handelt und wo im Text was geschieht. Sie taxieren die *Länge von Kapiteln* und erkennen auf diese Weise Schwerpunkte. Sie fangen also nicht einfach an zu lesen, sondern erarbeiten sich zunächst eine Vorstellung des Ganzen. Dazu gehört meist, die *Einleitung* eines Textes zu überfliegen und dann auch genauer zu lesen, weil darin erklärt wird, unter welcher Fragestellung und mit welchen Zielsetzungen der*die Autor*in den Text geschrieben hat. Und Historiker*innen scheuen sich nicht nach der Einleitung gleich den *Schlussteil* eines Textes zu lesen, um zu sehen, welche Ergebnisse dort präsentiert werden.

Auf Youtube finden Sie ein siebenminütiges Video, das zwei Historiker zeigt, die sich einer geschichtswissenschaftlichen Monographie nähern, deren Thema ihnen fremd ist. (https://youtu.be/gYYC72R55XE, Abrufdatum 08.10.2020) Studierende, die diese Lesedemonstrationen beobachtet haben, waren beeindruckt, wie systematisch und zielgerichtet die Profis sich mit diesen Texten vertraut machten. Ihnen fiel auf, dass Historiker*innen „nicht einfach lesen", sondern Texte aktiv untersuchen.

Wonach gucken Historiker*innen, wenn sie mit einem forschungsorientierten Text arbeiten (also mit einem Aufsatz aus einer Fachzeitschrift bzw. aus einem Sammelband oder mit einer monographischen Studie)? Sie versuchen bestimmte Funktionselemente im jeweiligen Text zu identifizieren. Abbildung 2 zeigt diese Elemente und ihr Verhältnis zueinander schematisch. Nicht alle diese Elemente werden gleich beim ersten Lesen wahrgenommen. Zunächst geht es Leser*innen in der Regel darum, Thema, Untersuchungsgegenstand, Fragestellung und die wichtigsten Thesen bzw. Ergebnisse zu identifizieren. Dann werden nach und nach die anderen Elemente aus dem Text herausgearbeitet, je nachdem, wie genau man den Text durchdringen will.

Meine Empfehlung lautet: Ahmen Sie das Vorgehen von professionellen Leser*innen nach. Erschließen auch Sie sich schrittweise, mit was für einem Text Sie es zu tun haben. Wenn Sie den Text insgesamt ungefähr im Blick haben, erkennen Sie leicht, welche Passagen für Ihre Arbeit wichtig sind. Ihre Leseziele bestimmen, welche Textpassagen Sie genauer lesen.

Leseziele (und passende Strategien) können zum Beispiel sein:

- konkrete Informationen finden (durchblättern, passende Textpassagen auf die Information hin durchsuchen)
- Fragestellung und zentrale Ergebnisse des Textes erfassen (Einleitung und Schluss des Textes lesen)
- die empirische Grundlage des Textes erfassen: An welchen Beispielen wird gearbeitet? (Inhaltsverzeichnis und Einleitung betrachten) Welche historischen Quellen oder Daten werden ausgewertet? (Hinweise in der Einleitung, in den Kapiteln selbst, in den Fußnoten und im Quellenverzeichnis beachten)
- die theoretische Herangehensweise erfassen: Welchem theoretischen Ansatz folgt der Text? (Einleitung und gegebenenfalls Theoriekapitel lesen)
- Aufbau und Argumentationsgang des Textes erfassen (Kapitelstruktur ansehen, Ankündigungen in der Einleitung lesen, Schluss lesen, Zusammenfassungen von Kapiteln lesen, zentrale Kapitel genau lesen)
- herausfinden, wie der Forschungsstand in diesem Text dargestellt wird (Einleitung bzw. Forschungsüberblick lesen)
- ...

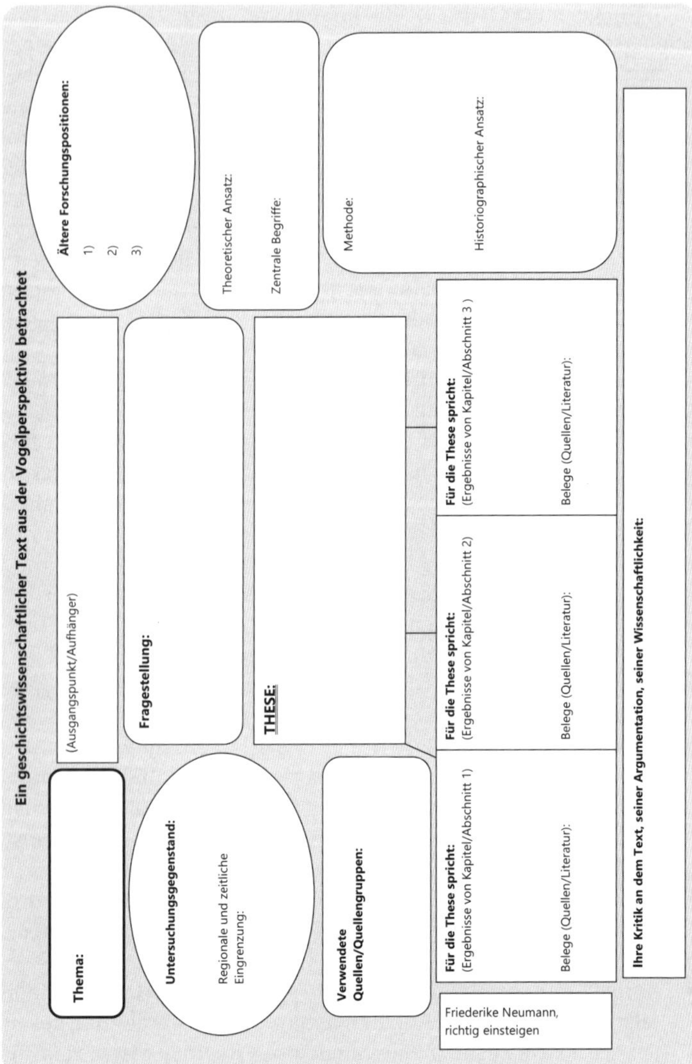

Abbildung 2: Funktionselemente in forschungsorientierten Texten, oder: Ein geschichtswissenschaftlicher Text aus der Vogelperspektive betrachtet (eigene Darstellung)

Erläuterungen zu dieser Abbildung:

Theoretische Ansätze können zum Beispiel sein: Praxeologie (Auffassung, dass soziale Praktiken/Verhaltensweisen eine bestimmende Größe unserer gesellschaftlichen Wirklichkeit sind); Diskurstheorie (Auffassung, dass Sprechweisen und sprachliche Muster die gesellschaftliche Wirklichkeit prägen oder sogar hervorbringen); Systemtheorie (Auffassung, dass Gesellschaften in Teilsysteme gegliedert sind, die ihren eigenen Logiken folgen).

Historiographische Ansätze können zum Beispiel sein: Sozialgeschichte (nimmt vor allem soziale Gruppen und langfristige wirtschaftliche und soziale Veränderungen in den Blick); Politikgeschichte (nimmt politisches Handeln, politische Strukturen, aber auch politische Kommunikation in den Blick); Kulturgeschichte (nimmt soziale Praktiken und die Art und Weise in den Blick, wie Zeitgenossen ihre Umwelt wahrgenommen, beschrieben und gedeutet haben).

Methode: Die zentrale Methode in der Geschichtswissenschaft ist die „Historische Methode“, wie sie im 19. Jahrhundert unter anderem von Johann Gustav Droysen entwickelt wurde. Sie dient dazu, in nachvollziehbaren Verfahren zu plausiblen Aussagen über die Vergangenheit zu kommen. Professionelle Historiker*innen werden sich alle mehr oder weniger an dieser Methode orientieren, die kurz gesagt darin besteht, ausgehend von Fragestellungen geeignete Quellen zu finden, diese Quellen quellenkritisch zu betrachten, auf die eigene Frage hin auszuwerten und die Ergebnisse nachvollziehbar darzustellen. Im Schema „Text aus einer Vogelperspektive betrachtet“ meint ‚Methode‘ spezifischer, auf welche Weise Quellen ausgewertet werden: Geht es um eine sprachliche Analyse, in der Wörter und Wortverbindungen im Mittelpunkt stehen, welche in den ausgewählten Quellen vorkommen? Werden Häufigkeiten oder Altersangaben ausgezählt und ausgerechnet (z.B. bei der Auswertung von Eheschließungsregistern: Wie alt waren Männer und Frauen durchschnittlich bei ihrer Heirat? Wie groß waren die Altersunterschiede zwischen den Eheleuten?)? Werden Zeitzeugen befragt (oral history)? Geschichtswissenschaftliches Arbeiten zeichnet sich durch Methodenvielfalt aus. Welche Methode gewählt und angewendet wird, hängt von der Fragestellung und der Theorie ab, mit der man arbeitet.[10]

10 Vgl. Thomas Welskopp, Historische Erkenntnis, in: Gunilla Budde/Dagmar Freist/Hilke Günther-Arndt (Hg.), Geschichte. Studium – Wissenschaft – Be-

Beim Lesen ist es hilfreich, Absätze als Sinneinheiten in den Blick zu nehmen. Um sich lange Textpassagen, etwa ein Kapitel, zu erschließen, kann es nützlich sein, zunächst einmal die Absatzanfänge (jeweils die ersten ein bis zwei Sätze von Absätzen) hintereinander weg zu lesen. Auf diese Weise kann man die Laufrichtung des Textes wahrnehmen. Beim anschließenden richtigen Lesen (das gibt es nämlich auch) lassen sich dann die Einzelinformationen besser einordnen. Die Gefahr, vor lauter Details den Gedankengang nicht mehr zu erkennen, ist mit dieser Methode deutlich reduziert.

Bei der Durchsicht des Textes und auch beim Lesen selbst lohnt es sich, innerlich die Frage mitlaufen zu lassen, was in den Textabschnitten jeweils geschieht: Wird hier gerade der Forschungsstand vorgestellt? Werden die Quellen genauer beschrieben? Wird eine Quelle analysiert? Wird der historische Kontext dargestellt? Wird exemplarisch eine Geschichte erzählt? Wird der theoretische Ansatz vorgestellt? Wird ... ? Wenn man auf diese Weise wahrnimmt, welche Funktion ein Absatz hat, kann man die inhaltlichen Aussagen besser einordnen, im Sinne von: Ah, die historischen Quellen, die verwendet werden, sind .... Oder: Ah, hier bringt die Autorin ein Beispiel. Was will sie mit diesem Beispiel zeigen?

Jeder Absatz enthält in der Regel eine Hauptaussage – manchmal ist das ein konkreter Satz, manchmal muss man sie aus mehreren Sätzen zusammenziehen. Diese Hauptaussagen sind Schritte im Gedankengang des Textes. In Textpassagen, die für Sie wichtig sind, werden Sie diese Hauptaussagen optisch hervorheben oder auch herausschreiben wollen. Die folgenden drei Abbildungen zeigen, wie Hervorhebungen aussehen können. Als Beispiel dient ein Absatz aus dem programmatischen Aufsatz von Winfried Schulze zu Ego-Dokumenten.[11]

---

ruf, Berlin 2008, S. 122–137, hier: S. 128 u. 132; Gunilla Budde/Dagmar Freist, Verfahren, Methoden, Praktiken, in: Ebd., S. 158–177.

11 Winfried Schulze, Ego-Dokumente: Annäherungen an den Menschen in der Geschichte? Vorüberlegungen für die Tagung „Ego-Dokumente", in: Ders. (Hg.), Ego-Dokumente. Annäherungen an den Menschen in der Geschichte (Selbstzeugnisse der Neuzeit. Quellen und Darstellungen zur Sozial- und Erfahrungsgeschichte 2), Berlin 1996, S. 11–30, hier: S. 23.

„Ein erster Einwand gegen die hier vorgeschlagene Definition von Ego-Dokumenten wird sich natürlich gegen die intendierte Gleichrangigkeit von ‚freiwilligen' autobiographischen Texten und ‚unfreiwilligen' Aussagen zur Person richten. Es ist nicht zu bestreiten, daß sich solche uneigentlichen Aussagen ‚zur Person' erheblich von einem mehr oder weniger reflektierten autobiographischen Text unterscheiden, der bei aller zeittypischen Bindung im Kern immer ein Versuch ist, das eigene Ich auszuleuchten, es in seiner Differenz zu anderen zu erkennen, seine Besonderheit im Strom der Zeit erkennbar zu machen. Jeder Kenner wird zu Recht auf die Zwangssituation der Befragung, des Verhörs, einer Urfehde oder gar eines Gnadengesuchs hinweisen, bei dem das Leben oder die bürgerliche Existenz des Delinquenten auf dem Spiel stehen kann. Hier finden sich sowohl Belege für Typisches wie für Individuelles, und immer wird die in diesen Quellen ermittelte und von einem Dritten niedergeschriebene und damit ‚übersetzte' Aussage mit der Möglichkeit der bewußten Verweigerung, der Verstellung, dem historischen ‚Eigensinn' der befragten Person zu konfrontieren sein. Schon manche Antworten in Prozessen gegen Wiedertäufer veranlaßten die Befrager zu der Bemerkung, der Angeklagte habe ‚sophistice' geantwortet."

Abbildung 3a: Einfache Unterstreichung

„Ein erster Einwand gegen die hier vorgeschlagene Definition von Ego-Dokumenten wird sich natürlich gegen die intendierte Gleichrangigkeit von ‚freiwilligen' autobiographischen Texten und ‚unfreiwilligen' Aussagen zur Person richten. Es ist nicht zu bestreiten, daß sich solche uneigentlichen Aussagen ‚zur Person' erheblich von einem mehr oder weniger reflektierten autobiographischen Text unterscheiden, der bei aller zeittypischen Bindung im Kern immer ein Versuch ist, das eigene Ich auszuleuchten, es in seiner Differenz zu anderen zu erkennen, seine Besonderheit im Strom der Zeit erkennbar zu machen. Jeder Kenner wird zu Recht auf die Zwangssituation der Befragung, des Verhörs, einer Urfehde oder gar eines Gnadengesuchs hinweisen, bei dem das Leben oder die bürgerliche Existenz des Delinquenten auf dem Spiel stehen kann. Hier finden sich sowohl Belege für Typisches wie für Individuelles, und immer wird die in diesen Quellen ermittelte und von einem Dritten niedergeschriebene und damit ‚übersetzte' Aussage mit der Möglichkeit der bewußten Verweigerung, der Verstellung, dem historischen ‚Eigensinn' der befragten Person zu konfrontieren sein. Schon manche Antworten in Prozessen gegen Wiedertäufer veranlaßten die Befrager zu der Bemerkung, der Angeklagte habe ‚sophistice' geantwortet."

Abbildung 3b: Unterschiedlich dicke Unterstreichungen

„Ein erster Einwand gegen die hier vorgeschlagene Definition von Ego-Dokumenten wird sich natürlich gegen die intendierte Gleichrangigkeit von ‚freiwilligen' autobiographischen Texten und ‚unfreiwilligen' Aussagen zur Person richten. Es ist nicht zu bestreiten, daß sich solche uneigentlichen Aussagen „zur Person" erheblich von einem mehr oder weniger reflektierten autobiographischen Text unterscheiden, der bei aller zeittypischen Bindung im Kern immer ein Versuch ist, das eigene Ich auszuleuchten, es in seiner Differenz zu anderen zu erkennen, seine Besonderheit im Strom der Zeit erkennbar zu machen. Jeder Kenner wird zu Recht auf die Zwangssituation der Befragung, des Verhörs, einer Urfehde oder gar eines Gnadengesuchs hinweisen, bei dem das Leben oder die bürgerliche Existenz des Delinquenten auf dem Spiel stehen kann. Hier finden sich sowohl Belege für Typisches wie für Individuelles, und immer wird die in diesen Quellen ermittelte und von einem Dritten niedergeschriebene und damit ‚übersetzte' Aussage mit der Möglichkeit der bewußten Verweigerung, der Verstellung, dem historischen ‚Eigensinn' der befragten Person zu konfrontieren sein. Schon manche Antworten in Prozessen gegen Wiedertäufer veranlaßten die Befrager zu der Bemerkung, der Angeklagte habe ‚sophistice' geantwortet."

Einwand gegen Def.

Abbildung 3c: Unterschiedlich dicke Unterstreichungen und Randbemerkungen

Allzu viele gleichförmige Unterstreichungen, wie in Abbildung 3a, nützen Ihnen wenig. Wenn Sie wieder auf den bearbeiteten Text gucken, erkennen Sie kaum, was Sie aus welchen Gründen für wichtig gehalten haben. Vieles müssen Sie dann nochmal zu lesen. Deshalb ist es sinnvoll, Unterstreichungen je nach Wichtigkeit und Funktionsbestandteil in Dicke oder Farbe zu variieren und außerdem Randbemerkungen hinzuzufügen.

Unterschiedliche Formen von Markierungen im Überblick:[12]

Unterstreichen – nicht zuviel! Unterschiedliche Unterstreichungen für unterschiedliche Elemente benutzen

Randbemerkungen, z.B.:
Zentrales **inhaltliches Stichwort oder Funktionsbezeichnung** des Absatzes.

Kürzel verwenden, z.B.

- Def (Definition)
- B (Begriff)
- Th (These)
- A (Argument)
- E (Einwand)
- Q (Quelle)
- ? (unklar)
- // (nachschlagen!)
- ! Wichtig
- + gut
- kritisieren

Unterschiedliche Farben benutzen, z.B. zentrale These (blau), Begriff (rot), Fragestellung (orange), Beispiel (gelb)

12 In Anlehnung an Georg Brun/Gertrude Hirsch Hadorn, Textanalyse in den Wissenschaften. Inhalte und Argumente analysieren und verstehen, Zürich 2009, S. 36ff.

Leseergebnisse festhalten

Exzerpte: Gute Markierungen sind viel wert. Exzerpte sind noch besser geeignet, um Gelesenes beim Schreiben der eigenen Hausarbeit parat zu haben. An den Beginn eines Exzerpts gehört eine kurze, eindeutige Angabe, welchen Text man auswertet. Dann schreibt man wichtige Aussagen des Textes heraus, mehr oder weniger in eigenen Worten. Dazu (davor oder dahinter) notiert man die Seite, auf denen diese Aussagen im Text zu finden sind. Den Sinn der Aussagen sollte man nicht verändern, sonst nützen die Aufzeichnungen später wenig. Wenn Sie halbe oder ganze Sätze wortwörtlich abschreiben, sollten Sie Anführungszeichen machen, damit Sie später wissen, dass Sie Formulierungen des Textes übernommen haben.

Beispiel für einen Ausschnitt aus einem Exzerpt:

Schulze, Ego-Dokumente

S. 23 *Einwand gegen Def. v. Ego-Dok.: Freiwillige autobiographische Texte u. erzwungene Aussagen (vor Gericht) werden als gleichrangig gesehen.*

Exzerpte anzufertigen hilft dabei, den Argumentationsgang von Texten zu erfassen und später noch rekonstruieren zu können. Außerdem bekommt man mit Exzerpten das, was einem am Text wichtig ist, schnell wieder in den Blick. Sie helfen auch beim Textverständnis, denn beim Exzerpieren setzt man sich schon intensiv mit den zentralen Aussagen des Textes auseinander. Eigene Fragen oder Kommentare zum Text können notiert werden (sie sollten optisch als solche zu erkennen sein). Exzerpte bieten eine gute Grundlage, wenn man Aussagen aus gelesenen Texten im eigenen Text wiedergeben will. Man muss dann nicht mehr in Kopien, Büchern oder pdfs rumwühlen bzw. findet wichtige Stellen schnell wieder. Vor allem hat, wer exzerpiert, die Arbeit des Lesens und Verstehens schon geleistet, wenn er oder sie beginnt den eigenen Text zu schreiben. Es erscheint erstmal aufwendig, Exzerpte herzustellen, später im Arbeitsprozess sparen sie dann aber viel Zeit. Zusätzlicher Vorteil: Wer Exzerpte angefertigt hat, wird bei der Wiedergabe von Gelesenem nicht an den Formulierungen der Vorlage kleben. Das Gefühl, letztlich nur abzuschreiben und mühsam umzuformulieren, schwindet.

Beginnen Sie bitte erst zu exzerpieren, wenn Sie sich über den Text insgesamt schon einen Überblick verschafft haben. Die Kunst beim Exzerpieren besteht dann darin, Kürze und Exaktheit gut auszubalancieren. Es macht keinen Sinn, fast alles abzuschreiben. Sie dürfen und müssen auswählen und zusammenfassen. Was wichtig ist, entscheiden Sie selbst. Es ist von Ihren Fragen, Interessen und Zielen abhängig. Sie sollten allerdings aufpassen, dass Ihre Notizen den Sinn des Originalttexts nicht verändern.

Lesen und freies Schreiben: Erlauben Sie sich, völlig ungeschminkt in Ihrer Alltagssprache über Gelesenes zu schreiben. Notieren Sie in einer Kladde, einer Mail, einer Datei, was Sie gelesen und wie Sie die Lektüre erlebt haben. Was wollten Sie von dem Text und was haben Sie gefunden? Was verstehen Sie und was verstehen Sie nicht? Finden Sie den Text anregend oder frustrierend? Welche Fragen und Überlegungen entstehen? Was bedeutet dieser Text, was bedeuten diese Überlegungen für Sie und Ihr Projekt? Freies Schreiben kann Ihnen Lust auf das wissenschaftliche Arbeiten machen, es hilft Ihnen, Dampf abzulassen, kritische Fragen zu stellen, Entscheidungen zu treffen und die Dinge zu durchdenken.

Abstracts: Abstracts sind kurze Zusammenfassungen von wissenschaftlichen Texten. Darin werden viele der Elemente genannt, die im Schema „Ein wissenschaftlicher Text aus der Vogelperspektive betrachtet“ angegeben sind. In wenigen Sätzen fassen Sie zusammen, was Thema, Fragestellung, Untersuchungsgegenstand und wichtige Ergebnisse des Textes sind. Eventuell werden Sie auch die Quellen benennen, die in dieser Arbeit hauptsächlich ausgewertet wurden und methodische oder theoretische Besonderheiten vermerken. Wenn Sie ein Abstract geschrieben haben, wird es Ihnen besonders leicht fallen, einen gelesenen Text in Ihrer eigenen Arbeit kurz vorzustellen.

Wo speichert und sammelt man Abstracts, Exzerpte und Notizen? In PDFs können Sie digitale Kommentare anbringen oder Textfelder einfügen, in denen Sie Überlegungen und wichtige Seitenzahlen notieren. Manches können Sie handschriftlich auf ausgedruckten Kopien der Texte unterbringen. Man kann auch für jeden Text, den man liest, eine Word-Datei anlegen, die man in einem Ordner „Literatur für Hausarbeitsprojekt x" speichert. Oder man heftet handschriftliche oder ausgedruckte Exzerpte alphabetisch nach Autor*innen sortiert in einem Ordner ab. Für größere Projekte bietet sich ein Literaturverwaltungsprogramm an (z.B. Citavi), in dem Sie bibliographische Angaben von Texten aufnehmen, Schlagworte vergeben, Abstracts, Exzerpte und Notizen speichern können.

Texte digital oder auf Papier lesen?

Wissenschaftliche Texte werden Ihnen im Studium überwiegend digital als pdfs zugänglich gemacht. Für die erste Sichtung eines Textes ist eine digitale Fassung sicherlich unproblematisch. Mit einer Papierfassung zu arbeiten hat meiner Erfahrung nach allerdings Vorteile. Indem ich blättere, statt nur zu scrollen, erhalte ich einen besseren Überblick über den gesamten Text. Mit einem Stift kann ich in ausgedruckten oder fotokopierten Texten leicht Markierungen anbringen und Notizen machen, die ich auch schnell wiederfinde und nicht erst öffnen muss. Für mich ist es einfacher, einen Text zu analysieren und zu verstehen, wenn ich ihn anfassen und mit einem Stift darin arbeiten kann. Wenn es sich also um wichtige oder anspruchsvolle Texte handelt, die ich durchdringen möchte, drucke ich sie mir jedenfalls aus.

Mittlerweile gibt es eine Vielzahl von Literaturverwaltungsprogrammen mit einem beeindruckenden Funktionsumfang. Sie scheinen mir unterschiedlich hilfreich zu sein. Bei der Auswahl und Nutzung solcher Programme sollten Sie beachten, ob Sie damit dieselben Handlungsweisen unproblematisch ausführen können, die Sie bei der Arbeit mit Papierfassungen idealerweise nutzen: Markierungen, Unterstreichungen, Randbemerkungen, Kommentare und Notizen anbringen. Ob am PC oder mit einer Papierfassung, es braucht Übung und Zeit, um wissenschaftliche Texte durchzuarbeiten und Leseergebnisse für die Weiterarbeit festzuhalten. Lassen Sie sich von digitalen Möglichkeiten bitte nicht zu einer zu oberflächlichen Arbeitsweise verleiten.

10. Quellen finden

Bei der geschichtswissenschaftlichen Arbeit ist es wichtig, Quellen (Texte, Bilder, Gegenstände) aus der Zeit auszuwerten, die wir erforschen wollen. Falls es Quellen aus dieser Zeit selbst nicht gibt, suchen wir solche, die wenig später entstanden sind und darüber berichten. Näher als mit Quellen kommen wir an die Zeit, die wir untersuchen, nicht heran. (In Erinnerung sollten Sie behalten, dass in der Geschichtswissenschaft zwischen historischen Quellen und wissenschaftlicher Literatur unterschieden wird.)

Quellen können in unterschiedlicher Form erreichbar sein:

a) als Originalquellen, die in Archiven oder anderswo lagern,
b) in Quelleneditionen. Die Herausgeber*innen haben Originalquellen transkribiert und möglicherweise auch übersetzt. Quelleneditionen sind über Universitätsbibliotheken leicht verfügbar.
c) als Digitalisate, die von wissenschaftlichen Einrichtungen über Internetportale zugänglich gemacht werden.

Wenn Sie Quellen für Ihre Arbeit suchen, führen Sie sich zunächst vor Augen, welche Quellen Sie schon kennen und welche Quellen Historiker*innen verwendet haben, deren Texte Sie im Seminar gelesen haben. Es spricht manches dafür, mit dem zu arbeiten, was schon da ist, anstatt die Nadel im Heuhaufen zu suchen. Zu berücksichtigen ist auch, welche Quellengattungen in der Zeit, zu der Sie arbeiten, überhaupt existierten und erreichbar sind. Für das Mittelalter können Sie beispielsweise nicht mit Geburten- und Sterberegistern rechnen, für das 17. Jahrhundert nicht mit Tageszeitungen und für das 19. Jahrhundert nicht mit Passfotos.

Wege, auf denen Sie Quellen finden können:

1. Welche Quellen haben Sie in dem Seminar kennengelernt, in dem Sie die Hausarbeit schreiben? Sind unter diesen Quellen solche, die Ihnen für Ihre eigene Arbeit geeignet erscheint? Wo sind die-

se Quellen zu finden? In einem Archiv? In einer Quellenedition? Über ein Internetportal? Archivalische Quellen wollen Sie vermutlich nicht verwenden, außer wenn es sich um ein Archiv in Ihrem Heimatort handelt. Editionen und Internetportale sind Ihnen leicht zugänglich. Darüber können Sie vermutlich auch ähnliche bzw. verwandte Quellen erschließen.

2. Welche Quellen verwenden Autor*innen, deren wissenschaftliche Texte zum Themenbereich Ihnen vorliegen? Sehen Sie wissenschaftliche Texte daraufhin durch. Autor*innen benennen und beschreiben in ihren Texten Quellen, mit denen sie gearbeitet haben. Wo und wie diese Quellen zugänglich sind, geben Fuß- oder Endnoten an, gegebenenfalls auch das Quellenverzeichnis am Ende des Textes. Wenn es sich um archivalische Quellen handelt, werden Sie damit wahrscheinlich nicht arbeiten wollen. Es werden aber oft auch Quellen verwendet, die in Quelleneditionen herausgegeben wurden, die wiederum über eine Universitätsbibliothek leicht erreichbar sind. Außerdem gibt es gedruckte Originalquellen, etwa Zeitungsartikel, die Sie über passende Internet-Portale besorgen können. Welche dieser Quellen würde Sie interessieren?
3. Einführungswerke aus Reihen wie „Grundriss der Geschichte“ (Oldenbourg Verlag) oder „Geschichte kompakt“ (Wissenschaftliche Buchgesellschaft) enthalten am Ende meist nicht nur eine Bibliographie mit wichtiger Literatur, sondern oft auch eine Auflistung wichtiger Quelleneditionen zum Thema.
4. Sprechen Sie mit Ihren Lehrenden. Sie werden Ihnen sicherlich Tipps geben, wo Sie suchen können oder Ihnen konkrete Vorschläge machen.
5. Es lohnt sich, in Literaturdatenbanken und Bibliothekskatalogen das Schlagwort „Quelle*“ in Kombination mit inhaltlichen Suchwörtern einzugeben.
6. Nutzen Sie Quellenkunden. Das sind Publikationen (Bücher oder Webseiten), die vorhandene Quellen zu einer Region, einer Epoche oder einem Themenbereich vorstellen. Sie geben vorhandene Editionen an und nennen meist auch wissenschaftliche Literatur, in der über diese Quellen gearbeitet wurde. Drei Beispiele von vielen: 1) Repertorium „Geschichtsquellen des deutschen Mittelalters“, herausgegeben von der Bayerischen Staatsbibliothek, www.geschichtsquellen.de/start (Abrufda-

tum 09.10.2020). 2) Die siebenbändige Reihe „Quellenkunde zur deutschen Geschichte der Neuzeit von 1500 bis zur Gegenwart“, hg. v. Winfried Baumgart und Winfried Becker, Darmstadt 1982–2001 bzw. deren zweite, neu bearbeitete und erweiterte Auflage, Darmstadt 2005. 3) Stefan Pätzold/Wilfried Reininghaus, Quellenkunde zur westfälischen Geschichte vor 1800. Online-Ausgabe, Stand: Juli 2019 (Materialien der Historischen Kommission für Westfalen, 6), Münster 2019, https://www.lwl.org/hiko-download/HiKo-Materialien_006_(2019-07).pdf (Abrufdatum 22.04.2021).

7. Über das Internet erreichen Sie eine zunehmende Reihe von seriösen Portalen, die Originalquellen in digitalisierter Form zur Verfügung stellen. Träger sind oft große Bibliotheken, wie die Staatsbibliothek in Berlin, die Bayerische Staatsbibliothek oder die Niedersächsische Staats- und Universitätsbibliothek Göttingen. Empfehlenswerte Beispiele sind „Zentrales Verzeichnis digitalisierter Drucke“ (zvdd) (www.zvdd.de/startseite/), welches vor allem frühneuzeitliche Drucke als Digitalisate erreichbar macht, das Zeitungsinformationssystem ZEFYS (http://zefys.staatsbibliothek-berlin.de), das fast 200 historische Zeitungen mit über 300 000 Ausgaben zur Verfügung stellt, oder die vielfältigen digitalen Sammlungen des Münchener DigitalisierungsZentrum (https://www.digitale-sammlungen.de/). Auch die amerikanische Library of Congress bietet freien Zugang zu einer Vielzahl von Sammlungen (www.loc.gov/collections/). Eine Auflistung mit entsprechenden Webportalen bzw. Wege dorthin finden Sie auf den Seiten von historicum.net, www.historicum.net/recherche/weitere-rechercheinstrumente/digitale-quellen-und-literatur/. Die Nutzung solcher Datenbanken kann erschlagen. Sie werden das allermeiste als für Sie nicht relevant unbeachtet lassen müssen.
8. Wenn Sie mit archivalischen Quellen arbeiten wollen, verschaffen Sie sich über die Findmittel des Archivs einen Überblick über dessen Bestände und stellen Sie fest, in welchem Bestand möglicherweise Quellen vorhanden sind, die Sie interessieren können. Es ist immer ratsam, die Hilfe von Archivar*innen in Anspruch zu nehmen, um Quellen zu finden, die in Frage kommen.

Angesichts all dieser Möglichkeiten wird klar, dass Sie vieles sehen werden, das Sie nicht nutzen können oder wollen. Sie müssen also aktiv auswählen. Wenn das, was Sie sich als Quelle vorgestellt haben, partout nicht zu finden ist, müssen Sie Ihre Pläne überdenken. Das heißt nicht, dass Sie ein anderes Thema wählen sollten. Gehen Sie innerhalb Ihres Themenbereichs von etwas Möglichem aus. Nehmen Sie etwas, das da ist bzw. auf das Sie Zugriff haben, und entwickeln von da aus Ihr Thema und Ihre Fragestellung. Vielleicht möchten Sie dazu die Checklisten zur Themenentwicklung am Ende von Kapitel 5 nutzen.

11. Mit Quellen arbeiten und darüber schreiben

Quellen sind immer in einer bestimmten Situation zu bestimmten Zwecken entstanden. Sie hatten einmal für lebendige Menschen Sinn. Wenn Sie mit Quellen arbeiten, ist es extrem wichtig, dass Sie sich die Entstehungssituation der Quelle und ihren Verwendungszusammenhang erschließen. Zu welchem Zweck wurde die Quelle geschaffen? Wann, wo und von wem? In welcher Situation? Und wie wurde sie verwendet?

Wenn es irgendwelche Zweifel an der Echtheit der Quelle gibt, ist es notwendig zu prüfen, ob die Quelle eigentlich das ist, was sie zu sein vorgibt. Bei den angeblichen Hitler-Tagebüchern beispielsweise, die die Zeitschrift Stern in den 1980er Jahren auszugsweise veröffentlichte, handelte es sich um Fälschungen. Der Kunstfälscher Konrad Kujau hatte sie angefertigt, um Geld damit zu verdienen. Trotzdem können sie eine historische Quelle sein, wenn Historiker*innen beispielsweise danach fragen, wie die Medienlandschaft der alten Bundesrepublik funktionierte. Bei Quellen, die über wissenschaftliche Editionen bereitgestellt werden, hat die Prüfung auf Echtheit in der Regel bereits stattgefunden. Editionen geben meistens auch wichtige Informationen über den Entstehungszusammenhang der Quelle.

Bei der Beantwortung der sogenannten quellenkritischen Fragen (Wer? Was? Wann? An wen? ...) dürfen Sie allerdings nicht stehen bleiben, wenn Sie mit Quellen arbeiten. Wichtig ist auch, die Quelle im Hinblick auf die eigene Fragestellung auszuwerten. Das folgende Schema veranschaulicht die wichtigsten Dimensionen der professionellen Arbeit mit historischen Quellen:

<table>
<tr><th>Draufblick auf die Quelle</th><th>Inhalt und Struktur (bei Textquellen), Beschreibung (bei Gegenständen/Bildern)</th><th>Detailblick</th></tr>
<tr><td>Quellenkritische Fragen beantworten
• Autor*in?
• Entstehungszeit?
• -ort?
• Quellenart?
• Adressat*innen?
• Historischer Kontext?
• Überlieferung?
• …</td><td>• Aufbau beschreiben
• Sachfragen klären
• Inhalt genau nachvollziehen
• Sprachliche Auffälligkeiten wahrnehmen
• Beschreibung anfertigen (von gegenständlichen/ bildlichen Quellen)</td><td rowspan="2">Analyse im Hinblick auf die eigene Fragestellung
Quellenstellen, die für die eigene Fragestellung aussagekräftig sind,
• identifizieren,
• herausschreiben (zitieren)
• in eigenen Worten wiedergeben (paraphrasieren)
• vor dem Hintergrund der Quellenkritik und des Inhalts interpretieren</td></tr>
<tr><td colspan="2">• Anlass für die Entstehung der Quelle und Intention klären</td></tr>
</table>

Abbildung 4: Schema zur professionellen Arbeit mit historischen Quellen (eigene Darstellung)

Schritt 1 der Arbeit mit einer Quelle besteht darin, dass Sie sie als Ganzes betrachten, quasi von oben darauf blicken: Wer hat sie wann und wo geschaffen? In welchem Kontext? Aus welchem Anlass und mit welchem Ziel? Um was für eine Art von Quelle handelt es sich überhaupt? An wen ist sie gerichtet? Vielleicht auch: Wie ist sie überliefert? Es ist sinnvoll, sich dazu jeweils Stichpunkte oder einige Sätze aufzuschreiben. Die Frage nach Adressat*innen und Intention, mit der die Quelle geschaffen wurde, können Sie vermutlich erst beantworten, wenn Sie auch ihren Inhalt genau angesehen haben. Für den historischen Kontext braucht man in der Regel zusätzliche Informationen, etwa aus der geschichtswissenschaftlichen Literatur, aus der Einleitung der Quellenedition, gegebenenfalls, bei größeren Forschungsprojekten, auch aus weiteren Quellen.

Schritt 2 besteht darin, dass Sie, sofern es sich um Textquellen handelt, den Umfang und Aufbau beschreiben und den Inhalt genau nachvollziehen. Am besten machen Sie sich dazu ausführliche Notizen. Bildquellen und andere gegenständliche Quellen sollten Sie beschreiben. (Und Sie haben Recht: Eine Textquelle ist ursprünglich zugleich immer auch eine gegenständliche Quelle. Auch für Textquellen kann eine Beschreibung von Material, Schreibstoff und Gestaltung sinnvoll sein.) Ob Text-, Bild- oder gegenständliche Quelle – vermutlich werden sich bei der Arbeit Sachfragen ergeben, denen Sie nachgehen sollten. Vielleicht müssen Sie Personen identifizieren, die im Text genannt werden, oder nachschlagen, was bestimmte Begriffe bedeuten. Eventuell ergeben sich auch weiterführende inhaltliche Fragen, die Sie verfolgen wollen.

Entscheidend ist Schritt 3: Analysieren Sie die Quelle auf Ihre Fragestellung hin. In dem Beispiel, das in diesem Büchlein verschiedentlich verwendet wird, lautet die Fragestellung, wie in der Frühen Neuzeit die zeitgenössische Geschlechterideologie genutzt wurde, um Herrschaft zu legitimieren. Die Kleiderordnung, die als Quelle dient, muss also daraufhin untersucht werden, ob und wo geschlechtsspezifische Wörter vorkommen (z.B. Vater, väterlich, Mutter, mütterlich, Kind, kindlich, männlich, weiblich oder andere). Sätze, in denen solche Wörter vorkommen, schreibt man sich heraus. Anschließend ist zu überlegen, was diese Sätze aussagen, welche Funktion sie im Zusammenhang der Quelle haben und inwiefern sie der Legitimation derjenigen dienen, die die Ordnung erlassen haben.

Wie arbeiten Profis mit Quellen und wie schreiben sie darüber?

Entstehungsregion

Identifizierung der Quelle

Entstehungsdatum

Handelt es sich um eine für die Zeit typische oder um eine außergewöhnliche Quelle? Inwiefern ist es eine außergewöhnliche Quelle?

Art, Aufbau und Inhalt der Quelle

Wörtliches Zitat aus der Quelle, das als ein typisches Beispiel für den Inhalt steht

Zusammenfassung des wörtlichen Zitats in den Worten des Autors (Paraphrase des wörtlichen Zitats)

Aus dem Allgäu gibt es ein exzeptionelle Quelle, den Kemptner Leibeigenschaftsrodel vom Januar 1525, der deswegen bemerkenswert ist, weil er zumeist die individuellen Klagen der Muntleute, Freizinser und Leibeigenen des Reichsklosters Kempten verzeichnet. Er besteht, gegliedert nach Pfarreien, aus ingesamt 335 Einzelbeschwerden, die insgesamt rund 1200 Fälle von Standesminderungen durch das Kloster dokumentieren: Freie, so klagen die Bauern, seien in die Zinserschaft gedrückt worden, Freizinser habe man gezwungen, ihre Frauen und Kinder als leibeigen dem Kloster zu verschreiben. *Item Nesa Hainzelmaennin von Bachen ain freyin,* heißt eine dieser typischen Klagen, *han genommen mein man saelig, was leybaigen, den fyeng man, wilt Ich In aus dem thurn han, da must Ich mein freybrieff von mir geben, und mich unnd meine kinndt, auch zu leibaigen geben, unnd Ist beschehn bey dem allten hernn* [Abt Johann Rudolf von Raitnau, 1507–1523], *das clag ich gott unnd dem Rechten.* Mit der Gefangenschaft des Mannes wird die Frau gezwungen, ihren besseren Rechtsstand aufzugeben. Die hier zitierte Schlussformel ist in dieser Quelle sehr verbreitet und gibt damit die Hilflosigkeit der Bauern zu erkennen: wo nicht nur der schiere Tatbestand notiert wird, klagen sie ihre Beschwerden *Gott und dem Rechten.* In der Kontraktion der beiden Begriffe konnte daraus das „Göttliche Recht" werden.[13]

Analyse des Zitats auf die Fragestellung hin. Einordnung der zitierten Quellenstelle in den Gesamtzusammenhang der Quelle

Schlussfolgerung aus der Quellenanalyse in Hinblick auf die Fragestellung des Autors

An der vorstehenden Textpassage können Sie sehen, **wie ein erfahrener Historiker eine Quelle in seinem Text kurz vorstellt und auswertet.** Es handelt sich um einen Ausschnitt aus einem Aufsatz des Frühneuzeit-Historikers Peter Blickle. Blickle bearbeitet die Fragestellung, woher der Begriff des Göttlichen Rechts stammt, mit dem Bauern während des Bauernkrieges im Jahr 1525 bestehende Besitz- und Herrschaftsverhältnisse in Frage stellten.

Blickle gibt nur die allernotwendigsten Eckdaten zur Quelle an (wann und wo entstanden, Quellenart und -bezeichnung, typisch oder außergewöhnlich). Er beschreibt den Inhalt und den Aufbau der Quelle in zwei Sätzen. Dann zitiert er eine Quellenstelle wörtlich. Sie ist inhaltlich typisch für die Quelle insgesamt und zugleich aussagekräftig für das, was Blickle an diesem Text interessiert. Den Inhalt des Zitats fasst Blickle kurz in heutigem Deutsch zusammen. Dann interpretiert er eine Formulierung aus dem Zitat unter seiner Fragestellung.

So ähnlich können Sie es in Ihrer Hausarbeit machen: Beschreiben Sie die Quelle mehr oder weniger ausführlich, (präsentieren Sie also die entscheidenden Ergebnisse aus Schritt 1), fassen Sie dann den Inhalt zusammenfassen (gemäß Schritt 2) und kommen Sie schließlich auf die Textstellen zu sprechen, die für Ihre Fragestellung aussagekräftig sind (Schritt 3). In diesem letzten Schritt wer-

13 Peter Blickle, Das göttliche Recht der Bauern und die göttliche Gerechtigkeit der Reformatoren, in: Archiv für Kulturgeschichte 68 (1986), S. 351–369, hier S. 364. Blickle gibt auf dieser Seite in der entsprechenden Fußnote die bibliographische Angabe für die Edition dieser Quelle an. Leser*innen, die sich weitere Informationen zur Quelle wünschen, können dort nachlesen.

den Sie vermutlich einige wörtliche Zitate aus der Quelle bringen und in eigenen Worten erläutern, was diese Quellenstellen für Ihre Fragestellung bedeuten.

Wie lang sollte die Vorstellung und Auswertung einer einzelnen Quelle sein? Das kommt sehr darauf an, wie Ihr Text insgesamt strukturiert ist und was Sie mit der jeweiligen Quelle zeigen wollen. Blickles Absatz zum Kemptner Leibeigenschaftsrodel zeigt, dass eine relativ kurze Textpassage ausreichen kann, um eine Quelle vorzustellen und sinnvoll auszuwerten. Eine solche Passage dient dann im Textzusammenhang als ein Baustein der Argumentation.

Geschichtswissenschaftliche Texte können aber auch ganz anders aufgebaut sein und im Wesentlichen **eine einzige Quelle ausführlich beschreiben und analysieren.** Als **Beispiel** hierfür möchte ich einen Aufsatz des Historikers und Germanisten Andreas Herz aus dem Jahr 2005 vorstellen[14]. Herz wertet das Tagebuch und einige Briefe des Fürsten Christian II. von Anhalt-Bernburg (1599–1656) auf über 50 Seiten aus. Im Folgenden schildere ich, wie Herz mit dieser Quelle arbeitet und darüber schreibt.

Thema des Aufsatzes sind die Krisen- und Leiderfahrungen des Fürsten, dessen Lebenszeit von den Verheerungen des Dreißigjährigen Krieges geprägt war. In der Einleitung seines Textes skizziert Herz unter anderem den Forschungsstand zur Quellengattung fürstliches Journal und erklärt, was die Tagebücher Christians II. von anderen fürstlichen Journalen unterscheidet: „nicht zuletzt [...] Passagen melancholischer Selbstreflexion [...] sie dokumentieren aber auch, und das ist es, worauf wir hier den Schwerpunkt legen, persönliche Krisen- und Leiderfahrungen, hervorgerufen oder verstärkt durch einen Krieg, der die längste Zeit seine Schatten auf dieses Leben warf“[15]. Die Fragestellung von Herz lautet, wie dieser Fürst seine Leiderfahrungen beschreibt und deutet, ob kulturelle Deutungsmuster, die ihm zur Verfügung stehen, ihn dabei noch

14 Andreas Herz, „... ma fatale destinée ...“. Krisen- und Leidenserfahrungen Fürst Christians II. von Anhalt Bernburg (1599–1656) in seinen Tagebüchern und anderen Zeit- und Lebensdokumenten, in: Passion, Affekt und Leidenschaft in der frühen Neuzeit, Bd. 2, hg. v. Johann Anselm Steiger in Verbindung mit Ralf Georg Bogner u.a. (Wolfenbütteler Arbeiten zur Barockforschung, 43), Wiesbaden 2005, S. 981–1035.

15 Ebd., S. 984f.

tragen oder ob auch Szenen sichtbar werden, in denen diese Deutungsmuster dem Schreibenden bei der Verarbeitung nicht mehr weiterhelfen[16]. Im letzten Teil seiner Fragestellung klingt bereits die These des Autors an, dass es nämlich Szenen im Leben des Fürsten gab, in denen die zur Verfügung stehenden Deutungsmuster nicht ausreichten, um erfahrenes Leid zu verarbeiten. Im Folgenden arbeitet Herz klassische quellenkritische Fragen ab: Er erklärt, wie umfangreich die Tagebücher sind, *in welchen Archiven* sie lagern und *in welchem Zeitraum* Christian sie anfertigte. „Die Tagebücher liegen handschriftlich in 24 Foliobänden mit den Eintragungen der Jahre 1621–1656 im Landeshauptstaatsarchiv Sachsen-Anhalt/Abt. Dessau [...] vor [...].“[17] Herz berichtet, wer die *Adressaten* Christians II. waren: „Es ist offensichtlich, dass Christian diese Aufzeichnungen für sich selbst niederschrieb, teils auch zu nützlicher Information bei späteren Gelegenheiten [...] Erst in einem späteren Lebensabschnitt dürfte der Entschluß gereift sein, sein Lebenswerk den Kindern zu überlassen.“[18] Auf knapp zwei Seiten stellt Herz *„Person und Lebenslauf“ des Fürsten* vor[19]. Anschließend steigt er mit einem konkreten Beispiel in das Thema seines Aufsatzes ein: Er schildert einen schweren Konflikt, den der Fürst im Jahr 1639 mit seinem jüngeren Bruder und vielen Verwandten austrug. Herz zitiert in diesem Zusammenhang ausführlich aus einem Brief Christians aus dieser Zeit, in dem dieser sich lebensmüde und verzweifelt zeigt: „‚[...] daß wir unsers Lebens [...] ganz satt und vberdrußig, vielmehr des Todtes begierig worden, noch sein‘.“[20]

Alle diese Elemente handelt der Autor innerhalb der Einleitung ab, die ein Sechstel seines Aufsatzes umfasst. Darauf folgen fünf Kapitel mit unterschiedlichen inhaltlichen Schwerpunkten. Das erste möchte ich hier skizzieren. Es hat die Überschrift „Kriegspressuren und Landplagen“[21]. Herz beschreibt darin auf knapp 10 Seiten, wie stark die Bevölkerung des Fürstentums im Dreißigjährigen Krieg unter Einquartierungen und Plünderungen, Gewalt und Hunger litt.

16 Ebd., S. 985.
17 Ebd.
18 Ebd., S. 986.
19 Ebd.
20 Ebd., S. 989.
21 Ebd., S. 990–999.

Christian musste sogar Gewalt an seinen persönlichen Bediensteten hilflos miterleben, seine Familie und er mussten das Fürstentum zeitweilig verlassen. In diese Schilderung schiebt der Autor immer wieder Zitate ein, die zeigen, wie Christian solche Ereignisse im Tagebuch beschrieb, wie er sie deutete und zu verarbeiten suchte. Als ein Deutungsangebot, das Christian zur Verfügung stand, führt Herz den Heidelberger Katechismus an, eine Glaubensschrift, die im Fürstentum Richtschnur für das christliche Leben sein sollte. Eintragungen im fürstlichen Tagebuch interpretiert Herz so, dass Christian dieses Deutungsangebot wenig Trost spendete, er habe – anders als der Heidelberger Katechismus es vorschlug – Not und Gewalt offenbar nicht als von Gott gewollt akzeptieren können.

An den Beispielen von Blickle und Herz können Sie erkennen, dass das obige Schema eine verlässliche Orientierung für die Arbeit mit Quellen bietet. Die Beispiele sollten zudem anschaulich machen, was und wie Historiker*innen über Quellen schreiben. Sie können sich in Ihren eigenen Texten an diesen Vorbildern orientieren.

12. Eine Gliederung entwickeln

Mit einer sinnvollen Gliederung sorgen Sie dafür, dass Ihre Hausarbeit einen roten Faden haben wird. Jedes Kapitel ist dann Teil eines Gedankengangs bzw. ein Glied in einer Argumentation, die das Ergebnis Ihrer Untersuchung stützt.

Voraussetzung für die Entwicklung einer gelungenen Gliederung ist, dass Sie bereits eine Fragestellung formuliert haben. Hilfreich ist auch, dass Sie sich in Ihrem Thema schon einigermaßen auskennen, dass Sie schon etwas über Literatur und Quellen wissen, mit denen Sie arbeiten wollen und dass Sie eine Arbeitshypothese formulieren können. Eine Arbeitshypothese ist die vermutete Antwort auf Ihre Leitfrage.

Um eine stringente Gliederung zu entwickeln, hat sich die folgende Methode bewährt. Sie ist bei den Teilnehmer*innen von Schreibwerkstätten sehr beliebt. Sie brauchen ca. 20 Klebezettel (PostIts) und ein großes Blatt Papier.

ÜBUNG zur Entwicklung einer Gliederung:

1. Wie lautet Ihre zentrale Fragestellung (oder These)? Schreiben Sie sie auf einen Zettel.
2. Wie lautet Ihre Arbeitshypothese (die vermutete Antwort auf Ihre Frage)? Schreiben Sie sie auf einen Zettel.
3. Welche Unterfragen müssen Sie beantworten, um Ihre zentrale Frage beantworten zu können?
   Leiten Sie auch aus Ihrer Arbeitshypothese Fragen ab.
   Entwickeln Sie 10–20 Unterfragen. Schreiben Sie jede Unterfrage auf einen eigenen Zettel.
4. Sortieren Sie Fragen und Unterfragen:
   Welche gehören zusammen?
   Gibt es Über- und Unterordnungen?

→

→ Legen Sie eine Reihenfolge, in der die Fragen in Ihrer Arbeit beantwortet werden sollen.
Vielleicht möchten Sie Oberbegriffe einfügen (Extra-Zettel), Fragen hinzufügen oder entfernen.

5. Erstellen Sie – von den Zetteln ausgehend – eine Gliederung.
6. Erläutern Sie jemand anderem Ihre Gliederung. Findet er*sie die Abfolge plausibel? Sieht er*sie Überflüssiges? Fehlendes? Berichten Sie über Unsicherheiten – was muss noch rein? Was kann draußen bleiben? Lassen Sie sich beraten
7. Probieren Sie, ob Sie von Ihren Zetteln ausgehend noch eine andere, sinnvollere Gliederung finden können.

Die folgende Übersicht gibt Ihnen Anregungen für Fragen, die Sie stellen können:

Einige Fragen, die fast immer gestellt (und im Text dann beantwortet) werden sollten:

- Was verstehe ich unter ... (zentralen Begriffen, die ich verwende)?
- *Wer* hat schon *was* zu meinem Thema (und zu meiner Frage) geschrieben?
- Wie lauten zentrale Forschungspositionen?
- Wie lautet meine zentrale Fragestellung?
- Welches Material (welche Quellen, welche Literatur) werte ich schwerpunktmäßig aus?
- Fragen speziell zu Quellen[22]
  - Warum ist die Quelle für meine Fragestellung geeignet?
  - ***Woraufhin werte ich die Quelle aus? Was will ich von ihr wissen?***
  - Wo ist die Quelle veröffentlicht/zu finden? Wie ist sie überliefert?

→

22 Vgl. zur Quellenkritik bzw. zu Fragen, die an Quellen gestellt werden sollten: Gunilla Budde, Kapitel 3.5. Von den acht großen „W“: Quellenkritik, in: Dies. u.a. (Hg.), Geschichte. Studium – Wissenschaft – Beruf. Berlin 2008, S. 66f. Siehe außerdem das Kapitel in diesem Buch „Mit Quellen arbeiten und darüber schreiben“.

  - Um welche Art von Quelle handelt es sich? (Z.B. Tagebuch, Zeitartikel, Gerichtsprotokoll, Chronik, Fotografie, ...)
  - Wann ist die Quelle entstanden?
  - Wer hat diese Quelle verfasst?
  - Wo ist die Quelle entstanden?
  - Wer waren Adressat*innen?
  - Warum wurde die Quelle erstellt? (Anlass und Intention)
  - In welchem historischen Kontext ist die Quelle entstanden?
  - Was ist der Inhalt der Quelle?
  - Was ist auffällig an der Quelle?
  - ***Was hat meine Untersuchung der Quelle ergeben?***
- Mit welchen Vermutungen/Arbeitshypothesen habe ich meine Arbeit begonnen? Welche Annahmen wollte ich überprüfen?
- Inwiefern hat sich meine Arbeitshypothese/Anfangsvermutung x bestätigt?
- Wie habe ich mein Thema eingegrenzt? (Und: Was untersuche ich nicht?)
- Mit welchem theoretischen Ansatz arbeite ich? Was sind zentrale Annahmen dieses Ansatzes?
- Welche Fragen, die ich an mein Material stelle, leiten sich von diesem Ansatz her?

Ein Beispiel, wie diese Übung umgesetzt werden kann:

Fragestellung: Wie wurden in der Frühen Neuzeit Geschlechterdiskurse für die Legitimation von Herrschaft genutzt? Wie passt die Selbstbeschreibung des Rates der Stadt Naumburg/Saale in der 1662 erlassenen Hochzeits- und Kleiderordnung zu entsprechenden Trends der frühneuzeitlichen Herrschaftslegitimation?

Arbeitshypothese: Frühneuzeitliche Obrigkeiten bezeichneten sich oft als Väter ihrer Untertanen und bedienten sich der Sprache der Hausväterliteratur, welche Vätern als Haushaltsvorständen weitgehende Herrschaftsrechte einräumte. Die Selbstbeschreibung des Naumburger Rates entspricht dieser Form der Herrschaftslegitimation.

Unterfragen:

- Was meine ich mit „Obrigkeiten"?
- Was verstehe ich unter „Herrschaftslegitimation"? An welchem Theoretiker orientiere ich mich dabei? (Max Weber)
- Was sind Charakteristika und Trends der Herrschaftslegitimation im 17. Jahrhundert?
- Was verstehe ich unter „Geschlechterdiskurs"?
- An welcher Theoretikerin orientiere ich mich für das Konzept ‚Geschlecht/Gender' und ‚Geschlechterdiskurs'? (Joan Scott)
- Was schreibt diese Theoretikerin über den Zusammenhang von Herrschaft und Geschlecht?
- An welchem Beispiel/an welcher Quelle will ich mein Thema bearbeiten? (einer Hochzeits- und Kleiderordnung aus Naumburg/Saale von 1662)
- Warum habe ich diese Quellen ausgewählt? Warum ist sie für meine Fragestellung geeignet?
- Was ist „Hausväterliteratur"?
- Was sagt die Hausväterliteratur zur (herrschaftlichen) Position von Vätern in der Familie?
- Wer hat schon zu Obrigkeiten als „Vätern" der Untertanen gearbeitet? Mit welchem Ergebnis?
- Was war Naumburg/Saale im 17. Jh. für eine Stadt? Wie war die politische und wirtschaftliche Lage?
- Quellenkritische Fragen (siehe das Kapitel „Mit Quellen arbeiten und darüber schreiben")
- Was wird in der Quelle inhaltlich ausgesagt?
- Welche geschlechtsspezifischen Bezeichnungen finde ich in dieser Quelle? Welche Funktion haben sie in dieser Quelle? Inwiefern legitimieren sie die Obrigkeit?
- Wie passt das Ergebnis meiner Quellenanalyse zu dem, was Historiker*innen bisher über Herrschaftslegitimation im 17. Jahrhundert und über Landesherrn als Landesväter geschrieben haben?
- Wie passt das Ergebnis meiner Quellenanalyse zu dem, was Joan Scott (die Gender-Theoretikerin, auf die ich mich beziehe) über den Zusammenhang von Gender und Herrschaft schreibt?

Nachdem ich diese Fragen formuliert habe, sortiere ich sie. So entstehen Gruppen von Fragen, denen ich jeweils eine vorläufige Überschrift gebe. Für das obige Beispiel lauteten diese Überschriften:

„Herrschaft, Herrschaftslegitimation (Definitionen/Theorie)",
„Gender, Geschlecht (Definitionen/Theorie)"
„Hausväterliteratur",
„Landesherr als Landesvater"
„Stadt Naumburg/Saale im 17. Jh."
„Quelle"
„Schlussfolgerungen".

Von den Fragen- bzw. Zettelgruppen ausgehend entwerfe ich eine erste Gliederung, die ich mit einer Freundin oder einem Kollegen durchspreche. Anschließend überarbeite ich sie noch einmal. Dies ist das Ergebnis mehrmaliger Überarbeitung für das gewählte Beispiel:

Beispiel für eine Gliederung:

I. Einleitung

II. Herrschaft und Geschlecht. Begriffliche und theoretische Zugriffe
1. Herrschaft, Obrigkeit, Herrschaftslegitimation
2. Geschlecht und Geschlechterdiskurs nach Joan Scott
3. Wechselwirkungen und Zusammenhänge

III. Hausväter und Landesväter
1. Die Position von Vätern in der Hausväterliteratur
2. Der Landesherr als Landesvater
3. Väter als legitime Herrschaftsträger in der Frühen Neuzeit

IV. „aus pflichtväterlicher Fürsorge". Die Selbstbeschreibung des Rates der Stadt Naumburg/Saale in der Naumburger Kleider- und Hochzeitsordnung aus dem Jahr 1662
1. Die Stadt Naumburg/Saale in den 1660er Jahren
2. Die Kleider- und Hochzeitsordnung von 1662
3. Die Selbstbeschreibung des Naumburger Stadtrats im Kontext frühneuzeitlicher Herrschaftslegitimation

V. Zusammenfassung und Ausblick

VI. Quellen- und Literaturverzeichnis
1. Quellen
2. Literatur

Ohne Vorwissen hätte ich weder die Fragestellung noch die Unterfragen formulieren können. Ich kenne aus unterschiedlichen Seminaren Joan Scotts einflussreichen Aufsatz „Geschlecht als nützliche Kategorie der historischen Analyse", in dem unter anderem ein Zusammenhang von Geschlechterdiskursen und Herrschaft postuliert wird. Ich bin bei der Literaturrecherche auf Paul Münchs Aufsatz „Die ‚Obrigkeit im Vaterstand' – zu Definition und Kritik des ‚Landesvaters' während der Frühen Neuzeit" gestoßen. Die Naumburger Quelle, in der von „pflichtväterlicher Fürsorge" des Rats für die unvernünftigen Bewohner der Stadt die Rede ist, habe ich über das Zentrale Verzeichnis digitalisierter Drucke (http://zvdd.de) entdeckt, als ich nach einer frühneuzeitlichen Kleiderordnung suchte. Mir war bekannt, dass solche Ordnungen Einleitungen enthalten, in denen diejenigen, die sie erlassen, sich selber als legitime Obrigkeiten darstellen. Von Hausväterliteratur habe ich in unterschiedlichen Seminaren gehört und gelesen. Literatur dazu ist leicht zu finden, z.B. über den Artikel „Hausväterliteratur" in der Enzyklopädie der Neuzeit. Für die Begriffe Herrschaft/Herrschaftslegitimation weiß ich, dass Max Weber dazu in seinem Werk „Wirtschaft und Gesellschaft" klassische Definitionen liefert. Der Artikel „Herrschaft" in der Enzyklopädie der Neuzeit nennt die konkreten Passagen in Webers Werk, gibt einen Überblick über wichtige Aspekte von Herrschaft in der Vormoderne und weist weitere einschlägige Literatur nach.[23]

Wie viele Seiten haben Sie für die einzelnen Kapitel? Wie lang soll Ihre Arbeit insgesamt werden? Von der angestrebten Seitenzahl ausgehend können Sie für jedes Kapitel eine ungefähre Länge festlegen. Nehmen wir an, Sie wollen 15 Seiten Text verfassen (dazu kommen dann noch Deckblatt, Inhaltsverzeichnis, Quellen- und Literaturverzeichnis). Für die Einleitung sollten Sie ca. 10% des Gesamttextes rechnen, in diesem Fall also ca. 1,5 Seiten, für die Schlussbemerkungen etwas weniger, also in diesem Beispiel ca. eine Seite. Dann bleiben Ihnen für die Kapitel II.–IV. im Schnitt jeweils ca. vier Seiten. Diese Rechnung soll Ihnen zeigen, dass Sie für die einzelnen Abschnitte gar nicht besonders viel Platz haben. Sie können einschätzen, wie ausführlich bzw. wie knapp Sie die einzelnen Aspekte Ihres Themas bearbeiten können und müssen.

---

23 Aus Platzgründen weise ich die bibliographischen Angaben der hier erwähnten Literatur und der Quelle nur im Quellen- und Literaturverzeichnis nach.

13. Die Einleitung

Die Einleitung ist ein besonders wichtiger Teil einer Hausarbeit. Einleitungen informieren Leser*innen (und auch die Schreibenden selbst), worum es im Text eigentlich geht: Welches Problem soll unter welcher Fragestellung an welchem Beispiel auf welche Weise behandelt werden? Das wird in der Regel zum Forschungsstand in Beziehung gesetzt, der in der Einleitung ebenfalls skizziert wird.

Es lohnt sich, beim Lesen geschichtswissenschaftlicher Aufsätze auf diese Elemente und ihr Verhältnis zueinander zu achten. So können Sie ein Gespür dafür entwickeln, wie Einleitungen gebaut werden und klingen können. Zur Veranschaulichung sollen im Folgenden Ausschnitte aus der Einleitung zu einer Hausarbeit dienen, die eine Studierende im vierten Semester geschrieben hat.

Die Hausarbeit mit dem Titel „Die Stadt und ihre Bettelorden. Bettelmönche und innerstädtische Konflikte im Hoch- und Spätmittelalter" beginnt folgendermaßen:

> „In wenigen Punkten ist sich die mediävistische Forschung so einig wie in der Feststellung, dass Bettelorden und Stadt zusammengehören. Doch mit dieser grundsätzlichen Festlegung ist die Frage nach dem speziellen Verhältnis dieser zwei zeitnah auftretenden Phänomene des Hoch- und Spätmittelalters noch lange nicht beantwortet, denn das Verhältnis zwischen den mittelalterlichen Städten und den Bettelorden verlief nicht konfliktfrei."

Diese Zeilen illustrieren, wie von einer kurzen Charakterisierung des Forschungsstandes (Die Forschung ist sich einig, dass Bettelorden und Stadt zusammengehören) auf das Problem übergeleitet werden kann (das spezielle Verhältnis dieser beiden zeitnah auftretenden Phänomene), das in der Hausarbeit behandelt werden soll. Die Autorin geht im weiteren Verlauf der Einleitung noch ausführlicher auf den Forschungsstand ein. Außerdem erläutert sie, dass sie ihr Thema an zwei Beispielen genauer untersuchen wird. Dabei spezifiziert sie auch die Fragestellung ihrer Arbeit:

„Dabei soll mit Straßburg ein Beispiel genauer untersucht werden, bei dem Bettelorden und Stadt miteinander im Konflikt lagen, und mit Lübeck eines, bei dem Bettelorden und Stadt im Konflikt mit einer dritten Partei zusammenarbeiteten. Dies soll unter der Fragestellung geschehen, was diese Konflikte über das Verhältnis der beiden scheinbar aufeinander angewiesenen Parteien aussagen."

Elemente, die in Einleitungen oft enthalten sind:

- ein ‚**Aufhänger**', der ins Thema und die Problemstellung hineinführt. Das kann eine kurze Episode oder Anekdote oder auch ein wörtliches Zitat sein.
- **Das übergeordnete Thema**, das eine gewisse Spannung, ein Problem und/oder gesellschaftliche Relevanz enthält, wird kurz dargelegt.
- eine Charakterisierung des **Forschungsstand**es: Wer hat zu diesem Thema und diesem Problem schon wissenschaftliche Texte veröffentlicht? Welches sind wichtige Thesen oder Positionen, die diese Autor*innen formulieren? (Wichtig: Geben Sie in Fußnoten die bibliographischen Angaben der Werke an, in denen diese Positionen vertreten werden.) Was ist das Problem an diesem Forschungsstand? Was wurde bisher nicht hinreichend berücksichtigt oder nur einseitig betrachtet? Was wird kontrovers diskutiert?
- **die eigene Fragestellung und ihre Begründung:** Was wollen Sie herausfinden? Warum stellen Sie diese Frage? Wie passt sie zur bisherigen Forschung?
- die Nennung des konkreten **Untersuchungsgegenstand**s und Untersuchungszeitraums,
- Welche **Perspektive** auf das Thema nehmen Sie ein? Fragen Sie sozialgeschichtlich nach sozialen Gruppen, Schichten oder Klassen? Fragen Sie nach sozialen Praktiken (Handlungsweisen) oder kulturgeschichtlich inspiriert nach Sprech- und Schreibweisen (Diskursen), Symbolen, Ritualen und/oder Deutungen? Fragen Sie nach politischen Entscheidungen, Institutionen oder Verfassungen? Orientieren Sie sich an einer bestimmten Theorie? Verwenden Sie be-

stimmte **Begriffe**, die Sie bei der Bearbeitung und Interpretation des Materials leiten?

- das konkrete **Material, das Sie auswerten werden,** also die zentralen Quellen, die Sie analysieren, und wichtige wissenschaftliche Literatur, auf die Sie sich stützen werden,
- die Beschreibung der **eigenen Vorgehensweise:** Was wollen Sie in Ihrer Arbeit konkret tun? Welche Unterfragen wollen Sie beantworten? Welche Hypothesen wollen Sie überprüfen?
- eine kurze **Skizze, wie Ihre Arbeit aufgebaut ist,** in welchen Schritten sich also der Argumentations- bzw. Gedankengang vollziehen wird.

Dies ist eine relativ vollständige Auflistung dessen, was in Einleitungen sinnvollerweise vorkommt. Sie sind nicht verpflichtet alle diese Elemente detailliert zu beschreiben, ebenso wenig, sie in der Reihenfolge dieser Auflistung abzuarbeiten. Vielleicht wollen Sie bestimmte Punkte zusammenziehen, umstellen oder auslassen. Sicherlich wird Ihnen zu Beginn Ihres Studiums manches schwierig erscheinen, trotzdem sollen Sie wissen, was eigentlich dazu gehört. Die Liste soll Ihnen ermöglichen, sich mit diesen Punkten auseinanderzusetzen und zumindest in der Bachelorarbeit Auskunft zu ihnen geben zu können.

Wann sollte man die Einleitung schreiben? Unter Studierenden hält sich das Gerücht, dass die Einleitung zu einer Hausarbeit am besten als Letztes geschrieben wird. Dem stimme ich nur sehr bedingt zu. Ganz ohne Einleitung mit dem Schreiben des Hauptteils zu beginnen, halte ich für waghalsig. Wenigstens die Skizze einer Einleitung zu haben gibt Ihnen Orientierung, wenn Sie am Hauptteil arbeiten. Die Einleitungsskizze macht Ihnen Ihr eigenes Forschungsvorhaben bewusst und erinnert Sie daran, wo es mit Ihrer Hausarbeit eigentlich hingehen soll. Ohne einen solchen Plan, wird es schwierig, einen roten Faden zu legen und durchzuhalten. Allerdings ist es sinnvoll, die Einleitung noch einmal zu überarbeiten, wenn die Arbeit geschrieben ist. Denn dann sehen Sie, inwiefern sich das, was Sie anfangs vorhatten, auch umsetzen ließ. Das, was Sie tatsächlich getan haben, können Sie entsprechend ankündigen.

14. Schreiben

Zum wissenschaftlichen Schreiben gehören kreative Phasen (Brainstormen, Sammeln, Ausprobieren, Nachdenken, Skizzieren, Visualisieren, Drauflosschreiben) genauso wie das mehrfache Überarbeiten von bereits Geschriebenem, Planung genauso wie trial and error, Geschriebenes (laut) lesen, umstellen, verbessern, umschreiben, präzisieren .... Schreiben ist zwar ein Handwerk und man kann es lernen, trotzdem gibt es meiner Ansicht nach keine Schreibgesetze. Eine rein mechanistische Sichtweise stößt schnell an ihre Grenzen. Deshalb schreibe ich dieses Kapitel bewusst in der Ich-Form und berichte von eigenen Erfahrungen als Schreibende und Lehrende. Ich möchte deutlich machen, wie vielfältig Wege zu einem guten Text sich gestalten, welche Strategien nützlich sein können und dass Sie den Prozess der Textproduktion individuell steuern können und müssen.

Eigene Erfahrungen: Als ich anfing zu studieren, fiel mir das Schreiben von Hausarbeiten ziemlich schwer. Aus meinen ersten Semestern erinnere ich mich vor allem an die Mühe, die es mich kostete, Sätze zu formulieren, die überhaupt funktionierten und wenigstens ansatzweise angemessen klangen. Es war, als fehlten mir die Worte. Ich gebrauchte immer wieder dieselben Wörter oder Ausdrücke und verbrachte viel Zeit damit, nach Alternativen zu suchen. Offenbar stand mir nur ein begrenztes Repertoire an deutschen Vokabeln zur Verfügung. Dieses Problem hat sich im Laufe der Zeit irgendwie aufgelöst, mir scheint vor allem durch Übung und Erfahrung. Je öfter ich Sätze geschrieben, mir selber vorgelesen und sie überarbeitet habe, desto leichter fällt mir das Formulieren beim nächsten Mal. Ich habe schneller Ideen, wie ich etwas umstellen oder anders ausdrücken kann. Eine Zeit lang habe ich oft die „Thesaurus"-, also die Wortschatz-Funktion meines Textverarbeitungsprogramms angeklickt (bei Word unter „Überprüfen"). Damit kann man nach Alternativen zu Wörtern suchen. Was das Programm vorschlägt, darf man allerdings nicht voreilig übernehmen: Lange nicht alle Vorschläge sind Synonyme, die genau die gleiche Bedeutung haben wie das Wort, für das man eine Alternative sucht. Geholfen hat mir auch, fortgeschrittenen Studierenden Textteile zu zeigen und von ihnen Rückmeldungen zu erhalten. Sie haben mir Hinweise gegeben, wo ich etwas ausführlicher darstellen sollte, welche Formulierungen nicht angemessen waren, und gelegentlich haben sie auch konkrete Änderungen vorgeschlagen.

Später in meinem Studium rückte ein anderes Problem in den Vordergrund. Zwar konnte ich inzwischen relativ munter drauflos schreiben. Aber spätestens nach anderthalb Seiten hatte ich das Gefühl, vor die Wand zu laufen. Das lag oft daran, dass ich die Inhalte meines Textes noch zu wenig vor Augen hatte. Während ich schon versuchte, druckreife Sätze zu bauen, überlegte ich noch, was ich eigentlich sagen wollte. Die Reihenfolge, in der ich inhaltliche Aspekte im Text unterbrachte, habe ich ebenfalls erst beim Schreiben selbst entwickelt. Erst im Zusammenhang mit meiner schreibdidaktischen Ausbildung habe ich gelernt, Texte und Textabschnitte besser zu planen.

Inzwischen finde ich das Schreiben von Sachtexten lange nicht mehr so problematisch wie zu Beginn meines Studiums. Im Folgenden schildere ich Methoden, die ich im Schreibprozess einsetze und die ich – gerade auch in der Kombination miteinander – als produktiv und zielführend empfinde. Ich beschreibe diese unterschiedlichen Phasen und Strategien in der Hoffnung, dass Sie dadurch Anregungen erhalten oder Bestätigung erfahren.

Überblick, was alles zu meinem Schreiben gehört – nicht alle Aspekte kommen immer vor, aber viele sind oft dabei:

a) *Brainstorming:* Ich nähere mich dem Schreiben an: Was soll in meinen Text oder Textabschnitt eigentlich hinein? Handschriftlich sammele ich Stichworte, Fragen und Satzfetzen, probiere ein wenig aus. Erinnere mich, was ich zum Thema des Abschnitts weiß, gelesen habe, was mir einfällt, welche Erfahrungen ich damit schon gemacht habe ...

b) *Ich suche Exzerpte, Abstracts und Notizen zusammen,* die ich zum Thema dieses Textabschnittes schon angefertigt habe. (Das setzt voraus, dass ich schon geeignete Literatur gefunden und ausgewertet habe, siehe dazu oben die Kapitel „Literatur finden" und „Literatur auswerten".) Exzerpte, die ich bisher nur in digitaler Form habe, drucke ich mir aus. Ich sehe dieses Material durch, markiere Stellen, die für das, was ich schreiben will, wichtig erscheinen. Vielleicht blättere ich auch Aufsätze durch, die ich zu diesem Abschnitt gesammelt habe, lese meine Unterstreichungen. Sehr wichtig ist mir, Exzerpte, Abstracts und gegebenenfalls auch die Aufsätze selbst in Papierform zur Verfügung zu haben. Auf diese Weise kann ich sie um meinen PC herum anordnen und leicht in den Blick nehmen. Der Bildschirm meines PCs ist dann vor allem für die Datei reserviert, in der ich meinen Text schreibe. Die räumliche Anordnung der Materialien verhindert, dass ich in unterschiedlichen Dateien den Überblick verliere.

c) *Inhalte visualisieren:* Auf einem größeren Blatt Papier im Querformat fertige ich eine Mischung aus Mindmap und Cluster an. Das heißt: Ich sammele Stichpunkte, Fragen und Informationen, die in meinem Text vorkommen sollen, und ordne sie graphisch an. Elemente aus meinen Exzerpten und aus dem Brainstorming fließen in dieses visualisierende Sammeln ein. Das ist ein kreativer Prozess und es kommt nicht auf Perfektion an.

d) *Schreibplan entwerfen:* Ich lege eine vorläufige Reihenfolge fest, in der ich Punkte aus meiner visualisierenden Sammlung in meinem Text unterbringen will. Meistens füge ich einfach Zahlen in meine Skizze aus Schritt c) ein. Ich könnte auch eine Liste schreiben.

e) Wenn ich das Gefühl habe „Ich bin soweit, ich kann jetzt schreiben", tue ich es. Wenn's läuft, läuft's. Wenn es nicht läuft, gehe ich zurück zum Sammeln, Sortieren, Planen, notfalls auch zum Beschaffen von Informationen. Oder ich schreibe wild und wüst und vorläufig auf Schmierpapier bzw. in eine Kladde (ein Arbeitstagebuch) (siehe Schritt f).

f) *Explorativ schreiben:* Manchmal, besonders wenn das Thema schwierig ist und ich noch nicht richtig verstanden habe, wie die Dinge zusammenhängen, schreibe ich „explorativ", das heißt, ich probiere aus, erkunde. Ich schreibe dann meistens mit Bleistift auf Schmierpapier. Das ist schön informell und vorläufig und nimmt jeden Druck, dass das, was ich gerade schreibe, gut formuliert oder perfekt sein muss. Ich schreibe ein wenig so, wie ich sprechen würde, wenn ich einer interessierten Freundin meine Überlegungen, mein Wissen, meine Fragen und meine Probleme mit dem Thema und dem Schreiben mitteilen würde. Ich schreibe drauflos, manchmal schreibe ich Sachen auch mehrmals, kreise sie schreibend ein, stelle Überlegungen an, stelle Querverbindungen her, finde Vergleiche und Metaphern, fluche oder schimpfe, wenn ich Dinge nicht verstehe, setze neu an, … . Derartige Texte gehen niemals 1:1 in die Endfassung ein. Aber sie stellen oft genug Überlegungen, einzelne Formulierungen oder Zusammenhänge zur Verfügung, die mir beim Schreiben des richtigen Textes helfen.

g) *Den eigentlichen Text schreiben:* Wenn ich gesammelt habe, was in meinem Textabschnitt vorkommen soll, der Schreibplan neben meiner Tastatur liegt und auch die konkreten Informationen in greifbarer Nähe um mich herum ausgebreitet sind (also vor allem die Exzerpte mit Markierungen, zur Sicherheit aber auch Kopien von Aufsätzen und Kapiteln), geht es los. Ein erster Satz, noch ein Satz, eventuell etwas umformulieren, aber auf keinen Fall beim ersten Schreiben perfektionistisch sein. Erstmal am Schreibplan entlang die Dinge benennen, erstmal Sachverhalte beschreiben, sie allmählich in Beziehung zueinander bringen, erklären, erläutern. Fragen stellen und selbst beantworten, … . (Notfalls in Klammern Frust rauslassen, Varianten formulieren, Überlegungen anstellen, Probleme benennen). Wenn ich nicht mehr weiterkomme, wechsele ich auf Papier: Was ist gerade los? Was kommt als nächstes? Was ist unklar?

h) *Geschriebenes überarbeiten:* Häufig beginnt meine Schreibzeit damit, dass ich lese, was ich zuletzt geschrieben habe. Wenn mir darin schon etwas auffällt, das mich nicht überzeugt, setze ich oft daran an und ändere es. Dann lese ich den Abschnitt wieder, will wissen, ob ich beim Lesen gut durchkomme oder ob es Brüche gibt. Manchmal verzichte ich auch auf die sofortige Überarbeitung, füge stattdessen eine Doppelklammer ein: ((noch nicht stimmig)) oder ((hier noch Aspekt x rein)). Schließlich will ich mich ja nicht in permanenter Überarbeitung verzetteln. Manchmal ist es gut, erstmal weiterzuschreiben.

Manche Überarbeitungsschritte kann man erst machen, wenn der Gesamttext einmal durchgeschrieben ist. Die Teile eines Textes müssen schließlich die richtigen Proportionen bekommen. Ich erinnere mich, dass ich für meine Magisterarbeit ein ausführliches Kapitel zum Forschungsstand geschrieben hatte, das ich später von 25 auf 3 Seiten gekürzt habe. Damals hatte ich in diesen 25 Seiten leider schon sehr sorgsam formuliert und an Übergängen gefeilt. Erst viel später wurde mir klar, dass ich viel stärker kondensieren sollte. Weitere Hinweise zur Textüberarbeitung finden Sie im Kapitel „Geschriebenes überarbeiten".

Was ich bei Studierenden beobachte – Probleme und Lösungsvorschläge

Die Mehrzahl der Texte von Studierenden zeigt, dass für sie der Lernprozess, eine Hausarbeit im Geschichtsstudium zu schreiben, noch nicht abgeschlossen ist. Das ist weder verwunderlich noch verwerflich. Aber eine große Bitte: Bleiben Sie dran. Nutzen Sie die vielfältigen kreativen Möglichkeiten, die der Schreibprozess Ihnen bietet. Räumen Sie Ihrem Schreiben Zeit ein. Und muten Sie Ihren Leser*innen Texte zu, die etwas aussagen und verständlich sind.

Problem 1: Zuviel Abschreiben. Manche Studierende „kleben" beim Schreiben ihrer Texte zu sehr an Gelesenem. Ihre Texte wirken letztlich wie Sammlungen von wörtlichen und indirekten Zitaten. Vieles haben sie nur leicht umformuliert, so dass sie auf Anführungszeichen verzichten können. Eigenständige Textabschnitte sind so nicht entstanden.

Wie geht es anders? Stellen Sie sich vor, Sie sind Regisseur*in und Ihr Text ist das Theaterstück, das Sie inszenieren. Andere Autor*innen und deren Aussagen rufen Sie gezielt auf die Bühne, wenn Sie sie gebrauchen können. Sie bestimmen, was in Ihrem Text in welcher Form auftaucht. Übernehmen Sie nicht – um im Bild zu bleiben – ganze Szenen aus anderen Stücken. Kupfern Sie nicht ab. Bevor Sie gelesenen Text in eigenen Text überführen, schalten Sie ein oder besser noch zwei Arbeitsschritte dazwischen: a) Fertigen

Sie von Textpassagen, die für Ihre Arbeit wichtig sind, Exzerpte an, die zentrale Aussagen und Informationen enthalten. Dann sind Sie davor gefeit, die Formulierungen der Vorlagen zu übernehmen. b) Wenn Sie den Schreibplan für einen Textabschnitt entwerfen, notieren Sie darin kurz, welche Informationen und Aussagen aus anderen Texten Sie einbringen wollen. Wenn Sie dann den entsprechenden Textabschnitt schreiben, sollte es gar nicht mehr unbedingt nötig sein, in die Originaltexte zu gucken. Schließlich haben Sie Notizen und Exzerpte und Sie können selber einen zusammenhängenden Text formulieren. Das schließt nicht aus, dass Sie gelegentlich zentrale Aussagen und wichtige Formulierungen aus anderen Texten wörtlich zitieren oder nah am Original paraphrasieren, siehe dazu unten das Kapitel „Gelesenes im eigenen Text wiedergeben".

Problem 2: Manche Studierende bleiben im ereignisgeschichtlichen „Kleinklein" hängen. Sie erzählen zu detailliert, wer wann was gemacht hat. Die Vorgeschichte dessen, was eigentlich untersucht werden soll, erhält zu viele Seiten. Für die Analyse und Interpretation einer Quelle oder eines Fallbeispiels bleibt Studierenden in solchen Arbeiten oft zu wenig Platz, Zeit und Aufmerksamkeit. Und Leser*innen fragen sich, ob all diese Detailinformationen für die Bearbeitung der Fragestellung tatsächlich relevant sind.

Wie geht es anders? Wenn Sie das Gefühl haben, dass Ihr Text sich im Erzählen von Ereignisabfolgen und Sachinformationen erschöpft, überlegen Sie: Brauche ich das wirklich so detailliert? Oder kann ich bestimmte Zusammenhänge und Ereignisabfolgen stärker kondensiert darstellen? Sicherlich müssen Sie Ihren Leser*innen an manchen Stellen Hintergrundinformationen liefern zu Personen, Sachverhalten und historischen Kontexten. Doch verlieren Sie sich bitte nicht darin. Wenn nicht ganz klar ist, warum eine Information oder ein Abschnitt in Ihrem Text enthalten ist, probieren Sie, ob Sie ihn weglassen können, ohne dass der Gedankengang leidet. Betrachten Sie Ihren eigenen Text zwischendurch immer wieder aus der Vogelperspektive (siehe Abb. 2), versuchen Sie die Textteile und ihr Verhältnis zueinander in den Blick zu bekommen: Was tun Sie als Autor*in in den einzelnen Kapiteln oder Textteilen? Was präsentieren Sie dort? Wie trägt dieses Kapitel oder dieser Textteil zum Ziel des gesamten Textes bei? Am besten erklären Sie das zwischendurch einer oder einem Mitstudierenden. Alles, was Sie schreiben, sollte dem Ziel dienen, ein Ergebnis (eine Antwort auf Ihre Fragestellung) zu entwickeln und zu untermauern.

Problem 3: Die Angst, die Seiten nicht füllen zu können. Sie führt manchmal dazu, dass Studierende eher nebensächliche Aspekte sehr ausführlich darstellen. Das trägt zur Beantwortung der Fragestellung nicht bei und macht die Lektüre dieser Texte ermüdend. Dabei ist die Angst, nicht genug zu sagen zu haben, in den meisten Fällen völlig unbegründet. Wenn Sie ein Thema, einen Untersuchungsgegenstand und eine Fragestellung haben, werden Sie eine ganze Reihe von Unterfragen stellen und vor allem auch beantworten müssen (vgl. das Kapitel „Eine Gliederung entwickeln"). Wenn Sie das gemacht haben, ist in der Regel ein sinnvoller, zusammenhängender Text entstanden, der alles Nötige, aber nichts Überflüssiges enthält. Dass ein solcher Text zu kurz ist, habe ich eigentlich noch nie gesehen.

Problem 4: Zu viele Ankündigungen. Die Hausarbeiten vieler Studierender bestehen zu erheblichen Teilen aus Ankündigungen, was in welchem Teil des Textes geschehen wird. Für Leser*innen (Ihre Lehrenden) sind solche Ankündigungen ermüdend. Alle Lehrende, die ich kenne, möchten lieber Inhaltliches lesen und brauchen über die Überschriften hinaus nicht viel Leser*innenführung. Lediglich am Ende der Einleitung einer Hausarbeit kann es sinnvoll sein, den Aufbau der Arbeit kurz zu skizzieren und auf diese Weise auch den Argumentationsgang anzukündigen.

Problem 5: Sprachliche Ungenauigkeit. Lesen Sie Ihren eigenen Text sich selbst – besser noch jemand anderem – laut vor, einer Freundin, Mitstudierenden, einem Verwandten, einer Schreibberaterin. Beim lauten Lesen hören Sie, ob Ihre Sätze „aufgehen", ob der Satzbau funktioniert, die Grammatik stimmt und die Ausdrücke passen. Jedes Mal, wenn Sie beim Lesen stolpern oder stutzen, enthält der Text vermutlich eine sprachliche Unklarheit. Bitte geben Sie keine Texte ab, die Sie nicht auf diese Weise geprüft haben und die nicht von Ihnen und jemand anderem gründlich Korrektur gelesen wurden.

Problem 6: Überschriften passen nicht zum Inhalt der Kapitel. Bitte prüfen Sie, ob Sie in einem Abschnitt tatsächlich das behandeln, was die Überschrift verspricht.

Problem 7: Unangemessener Umgang mit historischen Quellen. In Texten von Studierenden sehe ich häufiger, dass aus Quellen zwar zitiert wird, die Quellen aber nicht quellenkritisch betrachtet werden (Wer hat sie wann und wo mit welcher Absicht aus welchem Anlass und für welchen Adressaten geschaffen?). Aussagen in Quellen werden gelegentlich als Wahrheit akzeptiert, obwohl sie vielleicht bestimmten kommunikativen Zielen des Autors dienten. Auch werden Quellen oft nicht unter der eigenen Fragestellung ausgewertet. Ein weiteres Problem ist, dass manche Studierende, statt selber die Quelle zu beschreiben und auszuwerten, lieber die Interpretationen anderer Historiker*innen zitieren. Ihre eigene Darstellung und Auswertung der Quelle ist jedoch wichtig und sollte nicht zu kurz kommen. Sie sollten auch in Betracht ziehen, dass andere Autor*innen die Quellen unter anderen Fragestellungen ausgewertet haben, als Sie es tun wollen. Bitte lesen Sie mehr zu diesem Thema im Kapitel „Mit Quellen arbeiten und darüber schreiben".

Problem 8: Zu wenig Belege. In manchen Arbeiten von Studierenden finden sich Aussagen und Informationen, für die keine Belege angegeben sind, obwohl die Schreibenden sie sich nicht selber ausgedacht haben können. Als Leserin wünsche ich mir nachvollziehen zu können, woher diese Aussagen und Informationen stammen. Manchmal werden sogar Aussagen über den Forschungsstand getroffen, die nicht durch Belege abgesichert sind und so zu reinen Behauptungen werden. Auch Aussagen über Ansichten, die in der Gesellschaft verbreitet sind, sollten Sie möglichst an etwas Nachprüfbarem festmachen, etwa an einem Zeitungsartikel oder Fernsehbericht.

Problem 9: Zu viele Belege. Manche Studierende machen hinter fast jedem Satz eine Fußnote. In diesen Fußnoten wird dann oft mehrmals auf die gleiche Seite eines Werkes verwiesen (mit „Ebd.") oder auf Seiten, die unmittelbar aufeinander folgen (Ebd., S. 18; Ebd., Ebd., S. 19; Ebd.). In solchen Fällen wäre es sinnvoller, nur eine Fußnote zu setzen (Ebd., S. 18–19). Diese eine Fußnote kann am Ende von mehreren Sätzen stehen, für die das angegebene Werk verwendet wurde.

Problem 10: Numerus(in)kongruenz. Subjekt und Prädikat eines Satzes müssen beide in der Einzahl oder beide in der Mehrzahl stehen. Im folgenden Satz ist das nicht der Fall: „Es gab eine *Kaufmannselite, die* zu Kaufleuten in anderen Städten Kontakt *hatten.*“ Es müsste heißen: „Es gab eine *Kaufmannselite, die* zu Kaufleuten in anderen Städten Kontakt *hatte.*“ Obwohl sich eine Elite aus mehreren Personen zusammensetzt, steht sie grammatikalisch in der Einzahl und sollte im Satz entsprechend behandelt werden.

15. Gelesenes im eigenen Text wiedergeben – drei Wege

Historiker*innen beziehen sich in ihren wissenschaftlichen Texten an vielen Stellen auf die Texte anderer Autor*innen. In Ihren Hausarbeiten tun Sie das auch. Um Gelesenes wiederzugeben, gibt es sprachlich drei Wege: das wörtliche Zitat, die referierende Textwiedergabe und das indirekte Zitat (auch Paraphrase genannt). Diese drei Wiedergabeformen werden zu unterschiedlichen Zwecken und in der Regel auch in unterschiedlichen Textteilen verwendet. Ich werde sie gleich genauer erläutern. Dabei geht es mir darum, folgende Fragen zu beantworten:

a) Wann und wozu zitieren Historiker*innen andere Historiker*innen wörtlich?

b) Wann machen sie direkt im Text sprachlich deutlich, dass sie gerade die Position von jemand anderem wiedergeben, z.B. durch Namensnennung (‚Müller schreibt, ...; Laut Müller ... ') oder durch indirekte Rede?

c) Wann zitieren sie indirekt? Das heißt: In welchen Textpassagen geben Profis einfach Informationen weiter und machen nur durch eine Fußnote deutlich, woher diese stammen?

Das wörtliche Zitat

Beim wörtlichen Zitat handelt es sich um die wortgetreue Übernahme von Formulierungen aus einem anderen Text, die durch doppelte Anführungszeichen kenntlich gemacht wird. Auslassungen und Veränderungen werden durch eckige Klammern angezeigt. Wörtliche Zitate, die mehr als drei Zeilen umfassen, können auch durch Einrücken und einen kleineren Schrifttyp ausgewiesen werden statt durch doppelte Anführungszeichen.

Wie verwenden professionelle Historiker*innen wörtliche Zitate? Das möchte ich an kurzen Auszügen aus einem Aufsatz von Achim Landwehr zeigen. Dieser Aufsatz ist 2008 in einem Sammelband erschienen, der den Begriff und das Konzept ‚Absolutismus' kritisch diskutiert.[24]

Landwehr fasst im zweiten Abschnitt seines Textes die Forschungsdebatte zum Konzept des Absolutismus kurz zusammen und bezieht sich dabei vor allem auf zwei Autoren: Rudolf Vierhaus und Ernst Hinrichs. Landwehr schreibt:

> Der Autor zitiert eine grundsätzliche Aussage eines älteren Historikers wörtlich. Es handelt sich um eine Einschätzung, die der Autor teilt und die seine eigene Argumentation gegen den Absolutismus als Epochenbegriff stützt.

> Rudolf Vierhaus hat in seinem bereits 1966 erschienenen Artikel mit Blick auf dieses klassische Absolutismusbild festgestellt: „Seit dem Ersten, spätestens seit dem Zweiten Weltkrieg kann eine solche Sicht des Absolutismus in der Wissenschaft (wenn auch noch nicht im populären Geschichtsverständnis) als überholt angesehen werden". Interessant ist und bleibt jedoch, daß trotz solcher Absagen an Kernbestandteile des Absolutismus [...] ein konservatives Beharren an diesem Begriff als epochaler Einheit zu beobachten ist.[25]

Kurz darauf verweist Landwehr auf

> Ernst Hinrichs [...], der viele gewichtige Argumente vorbringt, die gegen das traditionelle Konzept des Absolutismus sprechen. [...] Doch trotz all dieser [...] Gegenargumente hält Hinrichs daran fest, „daß der Absolutismus die Geschichte zahlreicher europäischer Länder

24 Achim Landwehr, Absolutismus oder „gute Policey"? Anmerkungen zu einem Epochenkonzept, in: Lothar Schilling (Hg.), Absolutismus, ein unersetzliches Forschungskonzept? Eine deutsch-französische Bilanz, München 2008, S. 205–227.

25 Ebd., S. 207.

für mindestens zwei Jahrhunderte ganz wesentlich bestimmt hat". Wie aber soll etwas, das höchstens als Theorie mit eher geringen praktischen Auswirkungen existierte, ernsthaft zwei Jahrhunderte europäischer Geschichte bestimmt haben?[26]

Der Autor zitiert die Aussage eines anderen Historikers wörtlich, mit der er nicht einverstanden ist und die er im Folgenden kritisch diskutiert.

Sie sehen: Wörtliche Zitate dienen Landwehr in der Beschreibung des Forschungsstandes dazu, wichtige Positionen hervorzuheben. Das können Positionen sein, denen er sich anschließt, oder solche, die er kritisiert. Vor dem wörtlichen Zitat teilt er mit, von wem das Zitat stammt. Unmittelbar nach dem wörtlichen Zitat fasst der Autor es inhaltlich jeweils noch einmal knapp zusammen („Absagen an Kernbestandteile des Absolutismus", „zwei Jahrhunderte europäischer Geschichte bestimmt") und benutzt diese Zusammenfassungen, um seinen Gedankengang weiterzuführen.

Die referierende Textwiedergabe

Bei dieser Variante der Textwiedergabe wird im Text selbst – nicht nur in den Fußnoten – sprachlich deutlich gemacht, dass bestimmte Aussagen von anderen Autor*innen stammen. Dabei wird zunächst der Name dieses*dieser Autor*in genannt. Was diese*r Autor*in tut (z.B. etwas betonen, für oder gegen etwas argumentieren), wird in der Wirklichkeitsform, dem Indikativ geschrieben. Was diese*r Autor*in inhaltlich aussagt, wird in der indirekten Rede wiedergegeben (Konjunkiv I).

Achim Landwehr verwendet auch die referierende Textwiedergabe vor allem in dem Abschnitt seines Textes, in dem er den Forschungsstand kritisch diskutiert:

26 Ebd.

> Interessant ist und bleibt, daß trotz solcher Absagen an Kernbestandteile des Absolutismus [...] ein konservatives Beharren an diesem Begriff als epochaler Einheit zu beobachten ist. Hierzu sei nochmals auf Ernst Hinrichs verwiesen, der viele gewichtige Argumente vorbringt, die gegen das traditionale Konzept des Absolutismus sprechen. Er betont etwa, daß die ‚absolute Monarchie' nicht mit dem Staat der Moderne in ein historisch kausales Verhältnis gesetzt werden könne, [...] daß schließlich die Mittel nicht vorhanden gewesen seien, um Kontrolle im Innern und Machterweiterung nach außen umzusetzen. Doch trotz all dieser [...] Gegenargumente hält Hinrichs daran fest, „daß der Absolutismus die Geschichte zahlreicher europäischer Länder für mindestens zwei Jahrhunderte ganz wesentlich betimmt hat".[27]

Der Absatz beginnt mit einer zusammenfassenden Feststellung Landwehrs selbst, die er im Folgenden belegt und nachvollziehbar macht.

Name des Autors, auf den Landwehr sich bezieht, um die obige Feststellung zu belegen.

Was ‚tut' dieser Autor? Er bringt – laut Landwehr – *Argumente vor und betont etwas.*

Das, was Hinrichs betont oder aussagt, gibt Landwehr in der indirekten Rede an. Er benutzt dafürden Konjunktiv I *(„gesetzt werden könne"; „nicht vorhanden gewesen seien").*

Referierende Textwiedergaben bieten sich an, wenn man anderen Autor*innen Widersprüche nachweisen will (wie in diesem Beispiel), wenn man etwas einwenden, in Frage stellen oder erwidern möchte.

Achtung: Für die indirekte Redewiedergabe verwendet man den Konjunktiv I, nicht den Konjunktiv II (also: ‚könne', nicht ‚könnte'; ‚seien', nicht ‚wären'; ‚habe', nicht ‚hätte').

Achtung: Wenn Sie Ihren Satz mit ‚Laut Landwehr' einleiten, setzen Sie ihn bitte im Indikativ, der Wirklichkeitsform, fort. Z.B.: Laut

27 Ebd., S. 207f.

Landwehr *wandelte* sich die Auffassung von der Welt im Verlauf des 17. Jahrhunderts „von etwas Gegebenem zu etwas Machbarem".[28]

Das indirekte Zitat (auch Paraphrase genannt)

Das indirekte Zitat ist die Wiedergabe einer Aussage anderer Autor*innen in eigene Worte gefasst, ohne den Sinn des Originals zu verfälschen. Das indirekte Zitat wird vor allem benutzt, um unstrittige Informationen wiederzugeben, die für den eigenen Gedankengang wichtig sind. In Landwehrs Aufsatz über den Absolutismus klingt das zum Beispiel so:

> Bis in das 17. Jahrhundert hinein wurden die Policeyordnungen des Herzogtums Württemberg vor allem durch religiöse Argumente begründet. Es ging jeweils darum, daß der Landesherr als von Gott eingesetzter Fürst die Pflicht hatte, gegen die sich ausbreitende Sündhaftigkeit, Sittenlosigkeit, Kriminalität sowie ähnliche Mißstände vorzugehen.[29]

In einer Fußnote gibt Landwehr für diese Information einen Beleg an (eine Arbeit der Historikerin Schnabel-Schüle). Die Aussage ist in der Wirklichkeitsform, dem Indikativ, formuliert („Policeyordnungen *wurden* [...] *begründet.* Es *ging* darum, daß ... [Hervorhebungen F.N.]"). Der Autor diskutiert diese Aussage nicht kritisch, denn er stimmt ihr zu. Im Gesamtzusammenhang seines Textes dient sie ihm als ein Argument für seine zentrale These. Diese lautet: „Statt mit einem alles überwölbenden Absolutismus haben wir es in diesem Zeitraum viel eher mit dem allmählichen Übergang des Einflusses auf die weltlichen Geschicke von Gott auf die Menschen sowie mit der sich wandelnden Auffassung der Welt von etwas Gegebenem zu etwas Machbarem zu tun".[30]

28 Ebd., S. 226.
29 Ebd., S. 221.
30 Ebd., S. 226.

16. Geschriebenes überarbeiten

Texte können Leser*innen regelrecht glücklich machen. Lehrende, die Ihre Hausarbeiten lesen, lieben es, gut lesbare Texte zu erhalten, die schlüssig aufgebaut sind. Wenn sie dann auch noch einen inhaltlichen Ertrag enthalten und die Gedankenführung überzeugt, steht einer besonders guten Note nichts mehr im Wege. Leser*innen leiden jedoch, wenn Sätze grammatikalisch nicht aufgehen, denn das macht die Lektüre sehr anstrengend. Es ermüdet sie, mit Informationen versorgt zu werden, die zur Argumentation nichts beitragen.

Einen überzeugenden Text zu schreiben gelingt niemandem, ohne ihn mehrfach zu überarbeiten. Bitte planen auch Sie Zeit dafür ein. Es empfiehlt sich unterschiedliche Ebenen des Textes nacheinander in den Blick nehmen: A) Inhalt und Argumentation, B) die Kapitelstruktur, C) die Absatzstruktur D) die Sprache (Ausdrücke, Satzbau, Grammatik) und E) Rechtschreibung und Zeichensetzung. Im Folgenden finden Sie Instrumente, mit denen Sie Ihren Text prüfen können, Beispiele für das, was manchmal schief geht, und eine Reihe von Hinweisen.

A) Geht die Argumentation Ihres Textes auf?

Notieren Sie:

Die ***Fragestellung*** meiner Arbeit lautet:

Das ***Ergebnis/die These*** meiner Arbeit lautet:

Für die These spricht (Argument 1):

Für die These spricht (Argument 2):

Überlegen Sie: Passt das Ergebnis zur Fragestellung? Sprechen die Argumente für die These? Wenn die Elemente zueinander passen, können Sie in Ihrem Text prüfen: In welchem Textteil finden sich diese wichtigen Aussagen? Sind sie deutlich formuliert?

Manche Studierende, die dieses Prüfinstrument in Workshops verwendet haben, stellten fest, dass ihre Thesen nicht zur Fragestellung passten und die Argumente nicht zu den Thesen. Ihnen wurde deutlich, dass sie ihren Text auf der inhaltlichen und argumentativen Ebene überarbeiten mussten. Wenn es Ihnen genauso geht, müssen Sie über die Argumentation und wahrscheinlich auch über die Struktur Ihres Textes noch einmal nachdenken. Es mag hilfreich sein, mit jemand anderem darüber zu sprechen, mit Ihren Lehrenden, einem Schreibberater oder mit Kommiliton*innen. Auch das nächste Prüfinstrument „Die Kapitelstruktur prüfen" mag Ihnen Klarheit bringen, was Sie ändern können.

B) Die Kapitelstruktur prüfen

Erklären Sie einer anderen Person (oder auch sich selbst), was Sie in den einzelnen Kapiteln Ihres Textes machen, zum Beispiel:

In diesem Kapitel erkläre ich ...

In diesem Kapitel stelle ich ... vor.

In diesem Kapitel werte ich ... aus.

In diesem Kapitel führe ich ... zusammen.

Erläutern Sie auch, welcher Gedankengang sich aus dem Zusammenhang der Kapitel ergibt. Auf diese Weise fällt Ihnen möglicherweise auf, ob noch etwas fehlt oder ob etwas überflüssig ist.

Jeder Abschnitt Ihres Textes sollte dazu beitragen, Ihr Gesamtergebnis zu gewinnen und zu stützen. Wenn Sie nicht so richtig wissen, ob und wozu Sie einen Textteil brauchen, können Sie ihn vermutlich weglassen. Es geht in Hausarbeiten nicht um Vollständigkeit, sondern darum, einen überzeugenden und nachvollziehbaren Gedankengang zu konstruieren.

C) Die Absatzstruktur prüfen

Absätze sind ein wesentliches Element der Textstruktur. Jeder Absatz ist eine Sinneinheit, die zum übergeordneten Gedankengang beiträgt. Er sollte jeweils eine klar bestimmbare Hauptaussage zu einem klar bestimmbaren Thema enthalten. Diese Hauptaussage muss nicht notwendig mit einem konkreten Satz identisch sein. Was sonst noch im Absatz zu finden ist, erläutert diese Hauptaussage oder verbindet sie mit dem vorhergehenden oder nachfolgenden Absatz.

Manche Studierende machen zu viele Absätze. Schon nach ein oder zwei Sätzen drücken sie die Return-Taste. Ihr Text sieht dadurch flatterig aus. Die einzeln stehenden Sätze beziehungsweise Satzpaare verbinden sich nicht zu einem Gedankengang. Die einzelnen Aussagen müssten stärker unterfüttert, erläutert und miteinander verbunden werden. Eine Faustregel besagt, dass ein Absatz aus mindestens drei Sätzen bestehen sollte.

Andere Studierende machen zu wenige Absätze. Ihre Absätze ziehen sich über mehr als eine Seite. Innerhalb der langen Absätze fließen inhaltliche Aspekte ineinander. Leser*innen haben es dann schwer, Thema und Hauptaussage des Absatzes wahrzunehmen, und können deshalb auch dem Gedankengang insgesamt nicht gut folgen. Leser*innen kommen meistens gut zurecht, wenn pro Seite zwei bis drei Absätze gemacht werden.

Das folgende Instrument dient dazu, die Absatzstruktur des eigenen Textes zu prüfen:

Bestimmen Sie für 5–6 aufeinanderfolgende Absätze Ihres Textes jeweils:

a) das Thema des Absatzes (stichwortartig)
b) die Hauptaussage des Absatzes (in einem vollständigen Satz)
c) die Funktion des Absatzes: Was „tut" er?

Beispiele:

- *Der Absatz skizziert die Entwicklung des Forschungsstandes seit ...*
- *Er stellt die Konflikte zwischen x und y dar.*
- *Er erläutert die rechtlichen Grundlagen des ...*

Machen Sie diese Übung am besten schriftlich.[31]

31 Die Übung stammt aus dem Schreiblabor der Universität Bielefeld.

Mit diesem Instrument erkennen Sie, ob Ihre Absätze jeweils eine Sinneinheit bilden und ob die Reihenfolge der Absätze stimmig ist. Möglicherweise fällt Ihnen auf, dass Sie zwei Absätze zusammenziehen wollen, weil sie letztlich das Gleiche aussagen. Oder dass Sie aus einem Absatz besser zwei machen. Oder dass Sie Absätze umsortieren möchten. Vielleicht erkennen Sie, dass ein gedanklicher Schritt fehlt, den Sie durch einen zusätzlichen Absatz ergänzen können. Vielleicht sehen Sie, dass Sie Hauptaussagen klarer formulieren sollten. Wenn Sie Hauptaussagen früh im Absatz präsentieren, im ersten oder zweiten Satz, hilft das Ihren Leser*innen zu erkennen, worauf Sie mit dem Absatz hinauswollen.

Niemand wird dieses Prüfinstrument auf seinen gesamten Text anwenden. Es ist jedoch nützlich, um sich für die Gestaltung von Absätzen zu sensibilisieren. Ich verwende es für Passagen, in denen ich nicht mehr überblicke, wo mein Text eigentlich entlang läuft. Indem ich absatzweise Thema und Hauptaussage am Seitenrand notiere, gewinne ich wieder Orientierung und kann klarer entscheiden, wie es im Text weitergehen soll. Auch wenn ich auf Texte von Kolleg*innen Rückmeldung geben sollte, hat mir diese Methode schon geholfen: Ich konnte den Gedankengang von Textabschnitten nachzeichnen und sehen, wo etwas noch nicht ganz schlüssig war.

D) Sprache, Ausdruck und Grammatik

Sätze, die grammatikalisch nicht aufgehen, machen Aussagen uneindeutig und das Lesen zu einem mühsamen Ratespiel. Auch dort, wo Ausdrücke vermischt werden, runzeln Leser*innen fragend die Stirn. **Ob Ihr Text auf dieser Ebene Schwächen hat, bemerken Sie, wenn Sie ihn laut lesen. Am besten lesen Sie ihn jemand anderem vor.** Wenn Sie beim Lesen stolpern oder stutzen, ist das ein Hinweis darauf, dass diese Textstelle noch einmal überarbeitet werden sollte.

Die folgenden Sätze aus Hausarbeiten von Studierenden sollen typische Probleme veranschaulichen.

Beispiel für einen grammatikalisch falschen Satz: „Das Verfahren selbst kann die Legitimation etwa durch Rituale hervorgebracht werden."

Unklar ist: Wer oder was kann hier hervorgebracht werden? Wer oder was kann etwas hervorbringen?

Vorschläge: ‚In diesem Verfahren kann Legitimation etwa durch Rituale hervorgebracht werden.' oder: ‚Rituale können Legitimation hervorbringen.' oder: ‚In diesem Verfahren bringen Rituale Legitimation hervor.'

Beispiel für einen Satz, in dem Ausdrücke vermischt sind: „Die traditionale Herrschaft beruft ihre Legitimität auf dem Alltagsglauben der Beherrschten."

Problem: In diesem Beispielsatz ist der Ausdruck „sich auf etwas berufen" vermischt mit „auf etwas beruhen" und „etwas aus etwas beziehen".

Vorschläge: ‚Die traditionale Herrschaft bezieht ihre Legitimität aus dem Alltagsglauben der Beherrschten' oder ‚... stützt ihre Legitimität auf den Alltagsglauben ...' oder ‚Die Legitimität der traditionalen Herrschaft beruht auf dem Alltagsglauben der Beherrschten'.

Beispiel für einen Satz mit mehreren Fehlern: „In dieser Lebenswelt fand sich die katholische Minderheit in der Schweiz zusammen, *formierten sich* und *traten* ab *ca* 1920 emanzipiert wieder d*ie politische Bühne* der *Mehrheitlich* protestantischen Schweiz und *wurden* langsam gesellschaftlich *Integriert*. [Hervorhebung der problematischen Stellen: F.N.]"

Probleme: Obwohl sich eine Minderheit aus mehreren Personen zusammensetzt, steht sie grammatikalisch im Singular und sollte entsprechend behandelt werden. Es müsste heißen: ‚Die Minderheit formierte sich.' Der Ausdruck ‚die Minderheit trat die Bühne' macht keinen Sinn. Gemeint ist sicherlich, dass die Minderheit die politische Bühne betrat. Sie tat dies in der mehrheitlich protestantischen Schweiz, wo sie langsam gesellschaftlich integriert wurde. Das Adverb ‚mehrheitlich' bezieht sich auf protestantisch und sollte klein geschrieben werden, genauso das Adjektiv ‚integriert'.

Vorschlag: ‚In dieser Lebenswelt formierte sich die katholische Minderheit und betrat ab ca. 1920 wieder die politische Bühne der mehrheitlich protestantischen Schweiz. Sie wurde langsam gesellschaftlich integriert.'

E) Rechtschreibung und Zeichensetzung
Textstellen die gegen die Regeln von Rechtschreibung und Zeichensetzung verstoßen, lenken Leser*innen vom Inhalt ab. Wenn „das“ statt „dass“ zu lesen ist (oder umgekehrt), erzeugt dass eine Irritation. Leser*innen fragen sich, kurz was hier nicht stimmt. Auch falsch gesetzte Kommata die zum Beispiel Hauptsätze, zerhacken oder solche, die nach Nebensätzen fehlen machen es Leser*innen, schwerer dem Text zu folgen. Das Gleiche gilt für groß Geschriebene Adjektive. (In diesem Absatz gibt es mindestens sieben Fehler zu entdecken.) Also nochmal:

Textstellen, die gegen die Regeln von Rechtschreibung und Zeichensetzung verstoßen, lenken Leser*innen vom Inhalt ab. Wenn „das“ statt „dass“ zu lesen ist (oder umgekehrt), erzeugt das eine Irritation. Leser*innen fragen sich kurz, was hier nicht stimmt. Auch falsch gesetzte Kommata, die zum Beispiel Hauptsätze zerhacken, oder solche, die nach Nebensätzen fehlen, machen es Leser*innen schwerer, dem Text zu folgen. Das Gleiche gilt für groß geschriebene Adjektive.

Die erste Maßnahme, um Ihren Text in Hinblick auf Rechtschreibung und Grammatik zu überprüfen, besteht darin, die Funktion „Rechtschreibung und Grammatik“ im Textverarbeitungsprogramm Ihres Computers einzuschalten. Bei Word für Windows ist sie unter „Überprüfen“ zu aktivieren. Bei Open Office finde ich sie unter „Extras“. Ich stelle diese Funktion erst an, wenn ich den Text geschrieben habe, weil ich mich beim Schreiben nicht von roten Unterkringelungen und blauen Unterstreichungen irritieren lassen möchte. Kommafehler erkennt diese Funktion leider nicht.

Gerade, wenn Sie im Hinblick auf Rechtschreibung, Zeichensetzung und Grammatik unsicher sind, sollten Sie jemanden bitten, Ihren Text daraufhin kritisch durchzusehen. Wählen Sie jemanden aus, dem oder der Sie diesbezüglich etwas zutrauen.

Wie können Sie selbst Ihre Kommasetzung verbessern und trainieren? In den offiziellen Rechtschreibregeln umfasst das Thema dreizehn kleine Seiten, die viele Beispiele enthalten. Sie finden diese Regeln in Wörterbüchern wie dem Duden oder Wahrig. Innerhalb von etwa zwei Stunden können Sie dieses Kapitel durcharbeiten und werden sich, was die Kommasetzung angeht, sicherer fühlen. Auch im Netz gibt es an unterschiedlichen Stellen entsprechende

Informationen und Übungsseiten. Auf der Wörterbuch-Seite „leo.org“ gibt es eine „Deutsche Grammatik“ (https://dict.leo.org/grammatik/index.php?lang=de), in der Sie über „Die Rechtschreibung“ und „Rechtschreibregeln“ zu „Zeichensetzungen“ gelangen, wo Sie Erläuterungen und Beispiele finden. Der Orthografietrainer (http://orthografietrainer.net/index.php) bietet unter „Übungen“ unter anderem solche zur Kommasetzung, die sehr nett gemacht sind. An den genannten Orten finden Sie auch Informationen zur deutschen Grammatik und zur Groß- und Kleinschreibung.

17. Zeitmanagement

Wie viele Arbeitsstunden werden Sie insgesamt benötigen, um Ihre Hausarbeit zu verfassen? Ganz genau kann das niemand voraussagen. Eine ungefähre Orientierung liefert der „Workload“, der in der Modulbeschreibung bzw. in der Prüfungsordnung Ihres Studiengangs für die jeweilige Prüfungsleistung angegeben ist. Er bezeichnet die Arbeitsstunden, die es vernünftigerweise dauern sollte, eine gelungene Hausarbeit im entsprechenden Modul zu produzieren. An der Universität Bielefeld werden für eine 12- bis 15-seitige Hausarbeit im Grundkurs (entspricht einer Proseminarsarbeit an anderen Universitäten) 90 Stunden, für eine 20- bis 25-seitige Hausarbeit im Hauptmodul 120 Stunden und für eine Bachelorarbeit 300 Stunden veranschlagt. Realistisch wird so eine Bearbeitungszeit, wenn Sie Ihr Projekt gut eingrenzen, sich also nicht zu viel für die Bearbeitung vornehmen (siehe oben das Kapitel „Das Thema eingrenzen“) und etwas wählen, das Sie tatsächlich bearbeiten können (siehe oben das Kapitel „Das Thema wählen“).

90 Arbeitsstunden für eine 12- bis 15-seitige Hausarbeit lassen sich rein rechnerisch in zweieinhalb Wochen à 40 Stunden unterbringen. Allerdings ist es schwierig, sich täglich acht Stunden lang auf das Lesen und Schreiben wissenschaftlicher Texte zu konzentrieren. Realistisch ist es, von ca. fünf Stunden ernsthafter Schreibtischarbeit pro Arbeitstag auszugehen. Auf diese Weise sollte es Ihnen gelingen, innerhalb von knapp vier Wochen zu einem guten Ergebnis zu kommen. Günstig ist es, sich schon während der Vorlesungszeit Gedanken über mögliche Themen zu machen, Literatur zu recherchieren und damit zu beginnen, sich in das Themenfeld einzulesen. Denn so können Sie Ihr Thema vor Beginn der vorlesungsfreien Zeit mit Ihren Lehrenden genauer absprechen und zu Beginn der „Semesterferien“ zielgerichtet loslegen.

Mit Ablenkungen umgehen und ins Arbeiten kommen: Ein Problem bei der Arbeit am Schreibtisch sind die vielfältigen, vor allem digitalen Ablenkungen. Statt zu lesen, zu schreiben, gezielt zu recherchieren und Entwürfe zu machen, beschäftigt man sich lieber mit dem Smartphone, schreibt Nachrichten, surft im Internet. Jedes Hindernis, auf das man bei der Arbeit stößt, verführt dazu, sich erstmal mit etwas ganz anderem zu beschäftigen. Das fühlt sich kurzfristig gut an und lindert die Einsamkeit beim Schreiben. Nehmen diese Nebentätigkeiten überhand, verhindern sie, sich auf das Hausarbeitsprojekt richtig einzulassen und Probleme zu lösen, auf die man bei der Arbeit zwangsläufig stößt. Die Bearbeitungszeit verlängert sich oder fehlt am Ende. Außerdem ist den ganzen Tag über nicht klar, wann man arbeitet und wann man Pause hat, man kommt nicht voran und ist abends unzufrieden.

Eine Möglichkeit, mit digitalen Ablenkungen umzugehen, ist, das Smartphone für begrenzte Zeit, für eine Stunde oder sogar für zwei bis drei, auszuschalten und auch das Checken von Emails auf bestimmte Zeitpunkte zu konzentrieren. Sie können sich zum Beispiel erlauben alle zwei Stunden, jeweils um 10.00 Uhr, 12.00 Uhr, 14.00 und 16.00 Uhr das Mailprogramm oder die WhatsApp zu öffnen. Das mag sich ungewohnt anfühlen, schafft Ihnen aber Freiraum für Ihr Projekt.

Es ist übrigens normal, nicht von der ersten Minute an produktiv zu sein, wenn man sich an sein Hausarbeitsprojekt setzt. 20 oder 30 Minuten der Annäherung halte ich sogar für notwendig. Ich checke meistens meine Mails, bevor ich anfange am Schreibprojekt zu arbeiten. Anschließend lese ich, was ich am Tag zuvor gemacht und geschrieben habe. Mein bisheriges Arbeiten hat Spuren hinterlassen, auch wenn es vielleicht noch keinen konkreten Text gibt, an dem ich anknüpfen kann. In meinem Arbeitstagebuch habe ich notiert, womit ich mich zuletzt beschäftigt habe und was als nächstes ansteht. Es kann auch produktiv sein, erstmal für eine Weile aus dem Fenster zu gucken oder kurz aufzuschreiben, wie es mir geht. Die schmerzende Schulter oder der Stress mit der Mitbewohnerin erhalten auf diese Weise ihren Platz und stören später weniger bei der Arbeit.

Die Arbeitszeit verknappen, um sie effektiv zu nutzen: Den ganzen Tag fürs Schreiben Zeit zu haben, kann unproduktiv sein. Man weiß, man sollte, aber man möchte eigentlich nicht, findet den Anfang nicht, lässt sich ablenken, sehnt sich nach Ablenkung und stellt irgendwann am Nachmittag fest, dass man immer noch nichts Richtiges auf die Beine gestellt hat. In solchen Situationen ist es besser, die Arbeitszeit zu begrenzen. Wenn Sie nach eigenem Reglement nur vier Stunden am Tag an Ihrer Arbeit sitzen dürfen, wird diese Zeit überschaubar und kostbar. Behalten Sie die Uhr im Blick und machen Sie jeweils nach 60 Minuten eine Pause. Danach bleiben Sie wieder für 60 Minuten eisern mit Ihrem Hinterteil auf Ihrem Schreibtischstuhl sitzen (das Smartphone ist währenddessen ausgeschaltet) und bleiben bei dem, was Sie sich vorgenommen haben. Bis zur nächsten Pause schaffen Sie das! Abends können Sie stolz sein, dass Sie vier mal 60 Minuten mit Ihrer Hausarbeit beschäftigt waren und haben dann tatsächlich frei.

Sich mit dem Hausarbeitsprojekt verabreden: Verabreden Sie sich mit Ihrer Arbeit! Überlegen Sie, wann Sie tatsächlich Zeit haben, um sich mit Ihrer Arbeit zu beschäftigen, Zeit, in der Sie ausgeschlafen und ausgeruht genug sind, um sich konzentrieren zu können (z.B. montagsvormittags 2,5 Stunden, mittwochnachmittags 3 Stunden). Tragen Sie diese Zeiten in Ihren Terminkalender ein – nicht mehr als fünf Stunden am Tag. Nehmen Sie diese Zeiten genauso ernst wie einen Job, für den Sie Geld bekommen. Halten Sie diese Zeiten ein, auch wenn Sie vielleicht nicht sofort anfangen zu arbeiten, sondern zunächst erstmal in Ihrem Arbeitstagebuch lesen, Ihre Notizen durchsehen oder auch aus dem Fenster gucken. Wie John Cleese in einem Vortrag über Kreativität sagt: Die erste halbe Stunde muss man durchhalten und darf nicht wegrennen, dann hat man gute Chancen, dass etwas Produktives passiert.[32]

Regelmäßigkeit: Es gibt Schreiber*innen, die auf Regelmäßigkeit schwören: Täglich von 9.00–11.00 Uhr wird geschrieben. Danach kann der restliche Tag beginnen. Für Andere mag es abends von 21.00–24.00 Uhr sein, wenn das Kind im Bett ist. Oder Sie setzen für sich: An jedem Werktag drei mal 60 Minuten, unabhängig von der

32 Sein Vortrag war im April 2017 noch im Netz unter https://www.youtube.com/watch?v=9EMj_CFPHYc zu finden, ist aber leider inzwischen nicht mehr abrufbar. Auf youtube gibt es jedoch weitere hörenswerte Vorträge von ihm zum Thema.

genauen Tageszeit. Menschen, die sich regelmäßig für einige Stunden an ihr Projekt setzen, kommen jedenfalls damit voran.

Unter Druck arbeiten: Studierende berichten häufig, dass Sie den Druck brauchen, den das Abgabedatum ihnen setzt. Endlich gibt es die Notwendigkeit, etwas zu tun. Vorher sind sie nicht produktiv. Die Herausforderung macht sie wach. Jetzt wird schnell und pragmatisch entschieden, wo vorher nur diffuse Möglichkeiten bestanden. Lieber acht Tage lang voll konzentriert durcharbeiten, als sechs Wochen lang unmotiviert vor sich hindümpeln. Manchmal mag eine Hausarbeit so gelingen, gerade denen, die schon ein gutes Verständnis des wissenschaftlichen Arbeitens und Schreibens haben. Die Noten sind dann vermutlich schlechter, als sie es bei gründlicherem Arbeiten und Überarbeiten gewesen wären.

Bei vielen Studierenden führt spätes Anfangen allerdings dazu, dass sie nicht rechtzeitig mit der Arbeit fertig werden. Sie müssen bei ihren Lehrenden um Verlängerung der Bearbeitungszeit bitten (für beide Seiten kein Vergnügen), manche geben überhaupt nicht ab oder erhalten als Note ein „nicht ausreichend". Auch unter Druck lässt sich nicht ohne weiteres eine Quelle finden, die zum eigenen Thema passt. Weder Quellen noch Literatur lassen sich blitzschnell auf die eigene Fragestellung hin auswerten. Auch das Schreiben und Strukturieren des Textes brauchen ihre Zeit.

Sich Zwischenziele setzen: Zwischenziele zu haben kann sehr motivierend wirken. Zwischenziele funktionieren wie Abgabedaten während der Bearbeitungszeit. Man kann auf etwas Konkretes hinarbeiten, das – bei kleineren Schreibprojekten – innerhalb weniger Tage erreichbar ist.

Für das Setzen von Zwischenzielen bietet der Überblick über den Arbeits- und Schreibprozess Anregungen, den der Psychologe und Schreibdidaktiker Otto Kruse entwickelt hat. Kruse unterteilt diesen Prozess in folgende Phasen:

Der Arbeits- und Schreibprozess im Überblick[33]

Orientierungs- und Planungsphase
Themensuche und erste Erkundung
erste Literatursuche; Überblicksliteratur lesen
Thema eingrenzen
Fragestellung und Arbeitshypothese formulieren
Vorgehensweise vorläufig festlegen
Exposé (evtl. vorläufige grobe Gliederung)

Recherche und Materialbearbeitung
systematische Literatur- und Quellensammlung
Auswerten von Literatur und Quellen entsprechend der gewählten Fragestellung bzw. Methode

Strukturieren des Materials
Ordnen der Exzerpte, Notizen usw.
evtl. inhaltliche Planung revidieren
Gliederung und Schreibplan erstellen

Rohfassung schreiben
entlang der Gliederung erste Textfassung schreiben
evtl. rückwirkend die Struktur verändern

Überarbeiten
Roter Faden und Vollständigkeit
Argumentation, Belege und Begriffe
Sprachliche Gesichtspunkte: Satzstruktur, Ausdruck, Stil

Korrektur
Korrekturlesen (möglichst durch Andere)
Endkorrektur

33 Nach Otto Kruse, Keine Angst vor dem leeren Blatt. Ohne Schreibblockaden durchs Studium, 9. Auflage, Frankfurt/Main 2002, in Anlehnung an eine Folie aus dem Schreiblabor der Universität Bielefeld.

Dieses Modell stellt den Arbeits- und Schreibprozess linear dar. In Wirklichkeit wechselt man manchmal zwischen Phasen hin und her, kehrt z.B. von der Recherchephase nochmal in die Planungsphase zurück oder macht von der Schreibphase aus einen Ausflug in die Recherchephase. Trotzdem ist Kruses Modell nützlich. Notieren Sie am Rand oder im eigenen Terminkalender, von hinten beginnend: Wann will ich die Arbeit abgeschlossen haben? Wie viele Tage gebe ich mir für die Korrektur? Wie viel Zeit brauche ich fürs Überarbeiten? (Diese Phase sollten Sie nicht zu kurz kommen lassen. Planen Sie annähernd so viel Zeit für die Überarbeitung ein wie fürs Schreiben der ersten Fassung.) Wann sollen diese Arbeitschritte jeweils stattfinden? Welche Tage reserviere ich für das Schreiben der Rohfassung? Kapitel 1: Rohfassung fertig am ... Kapitel 2: Rohfassung fertig am ... Wann habe ich die Auswertung von Quellen und Literatur abgeschlossen? Auch diese Phase können Sie unterteilen und kapitelweise angehen. Wann habe ich die Literatur- und Quellenrecherche abgeschlossen? Wann habe ich mein Thema geplant, eine erste Gliederung entworfen und ein kurzes, informelles Exposé geschrieben? (Ein Exposé ist ein Text, in dem man sich selbst oder auch dem Lehrenden erklärt, was man eigentlich wie erforschen möchte. Es dient zugleich als Skizze für die Einleitung der Arbeit.)

Auf diese Weise zerteilen Sie den Langstreckenlauf „Hausarbeit schreiben“ in viele, hoffentlich machbare Etappen, für die Sie jeweils nicht viel, aber doch ausreichend Zeit haben. Wenn Sie erkennen, dass Sie nur drei bis vier Arbeitstage haben, um Quellen und Literatur auf Ihre Fragen und Unterfragen hin auszuwerten, ist Ihnen das vielleicht ein Ansporn, diese Zeit auch entsprechend zu nutzen.

18. Mit Blockaden und Schwierigkeiten umgehen

Beim Schreiben von Hausarbeiten tauchen zwangsläufig Fragen und auch Schwierigkeiten auf. Diese Schwierigkeiten haben in der Regel viel mit der Sache selbst zu tun, denn schließlich ist das Vorbereiten und Schreiben einer Hausarbeit ein anspruchsvoller Recherche-, Auswahl- und Konstruktionsprozess. Es ist normal, wenn Ihnen zwischendurch der Kopf raucht und Sie gelegentlich den Überblick verlieren. Davon sollten Sie sich nicht entmutigen lassen. Wichtig ist, dass Sie sich Arbeitstechniken und Strategien aneignen oder entwickeln, die Ihnen in solchen Situationen helfen. „Ich habe gemerkt: Gute Methoden zu haben steigert auch die Motivation“ schrieb mir vor Jahren ein Teilnehmer nach einem Schreibworkshop. Viele Möglichkeiten, in den Fluss zu kommen, sind in diesem Buch schon zur Sprache gekommen. Einige werde ich gleich noch einmal auflisten und kurz beschreiben. Fragen, die im Arbeitsprozess auftauchen, können Sie mit Kommiliton*innen, Schreibberater*innen, Tutor*innen oder Lehrenden besprechen, die Ihnen hoffentlich hilfreiche Anstöße geben werden.

Hemmend können sich allerdings auch schwierige Gefühlslagen und Probleme auswirken, die mit der Arbeit an Ihrer Hausarbeit nicht unmittelbar zu tun haben. Wenn finanzielle Sorgen oder persönlicher Kummer Sie belasten, ist es verständlich, dass Sie sich schlecht konzentrieren können. Räumen Sie der Bearbeitung solcher Schwierigkeiten Zeit ein. Starke Gefühle von Angst oder Traurigkeit lassen sich nicht einfach verdrängen. Und bitte bleiben Sie mit Ihren Problemen nicht allein. Beratung und Unterstützung in Anspruch zu nehmen ist nicht ehrenrührig und in vielen Lebenssituationen hilfreich und sinnvoll. Reservieren Sie bitte trotzdem zwei bis drei Stunden am Tag für die Arbeit an Ihrem Schreibprojekt. Es kann heilsam sein, mal an etwas anderes als die eigenen Sorgen zu denken. Und es wird Ihnen gut tun, trotz allem kleine Fortschritte im Studium zu machen.

Ein hinterhältiges Hemmnis ist der Perfektionismus. Das inhaltliche Interesse und der Spaß an der Sache werden überlagert von der Sorge, bloß keine Fehler zu machen, beziehungsweise vom Anspruch, etwas besonders Gutes leisten zu müssen. Das kann zu ernsthaften Blockaden führen. Um nicht kritisiert zu werden, arbeiten manche Leute überhaupt nicht mehr. Wenn Sie eine solche innere Einstellung bei sich wahrnehmen, spüren Sie den Stimmen nach, die Perfektion von Ihnen fordern. Dann lösen Sie sich davon – sagen Sie Ihrem Über-Ich Bescheid – und wagen etwas anderes. Sie dürfen nämlich ausprobieren, Fehler machen, lernen, Spaß haben. Sie dürfen Ihr Thema an überschaubaren Beispielen behandeln. Nehmen Sie das wissenschaftliche Arbeiten lieber spielerisch-sportlich als zu verbissen. Natürlich wollen die meisten von uns zu guten Ergebnissen gelangen. Das sollte uns aber nicht in die Handlungsunfähigkeit treiben. „When too perfect, lieber Gott böse" wird der koreanisch-amerikanische Künstler Nam June Paik auf meiner Lieblingspostkarte zitiert.

Ähnlich ist es mit Selbstzweifeln. Es ist wahrscheinlicher, dass Sie noch nicht wissen, wie Sie ein sachliches Problem lösen sollen, als dass Sie zu dumm dazu sind. Eine Lösung besteht oft darin, komplexe Anforderungen in machbare Teilaufgaben zu unterteilen. Vielleicht brauchen Sie dafür Gesprächspartner*innen, die Ihnen zuhören, Feedback und Hinweise geben. Die Ergebnisse überschaubarer Arbeitsschritte werden Sie schließlich zu einem sinnvollen Endprodukt zusammensetzen können.

Strategien, die helfen, um Probleme zu lösen und Hürden zu überwinden

Ein gutes Hilfsmittel ist, ein **Arbeitstagebuch** zu führen. Es ist ein Ort, an dem Sie informell in ungekünstelter Sprache alles notieren können, was Sie bei Ihrer Arbeit – oder auch jenseits davon – umtreibt. Jedes Mal, wenn Sie nicht weiterkommen, können Sie dort aufschreiben, dass es gerade stockt, und reflektieren, woran das liegt. Vielleicht ist Ihr Kopf voll mit ganz anderen Sachen und Fragen. Kurz oder auch etwas ausführlicher zu notieren, was Sie beschäftigt, kann helfen, sich danach wieder auf die Arbeit konzentrieren zu können. Schwierigkeiten zu benennen ist oft der erste Schritt zur Lösung. Sie können die Möglichkeiten, die Sie haben, skizzieren und auf dieser Grundlage leichter Entscheidungen treffen. Vielleicht fällt Ihnen beim Schreiben im Arbeitstagebuch ein, an wen Sie sich mit welcher Frage wenden können. Abends können Sie im Arbeitstagebuch notieren, was Sie für Ihr Projekt gemacht haben, was an diesem Tag besonders interessant war und wo es am nächsten Tag weitergehen soll. Auch wenn Sie morgens anfangen zu arbeiten, können Sie ein paar Worte oder Zeilen schreiben, um reinzukommen. Ein Arbeitstagebuch zu führen hilft Ihnen, Ihre eigene Sprache für wissenschaftliche Inhalte und Fragen zu entwickeln. Außerdem kommen Sie mithilfe eines Arbeitstagebuchs immer wieder in den Fluss, weil Sie einen Ort haben, an dem Sie nachdenken können.

Mit dem Führen des Arbeitstagebuches verwandt ist das **freie und wüste Schreiben.** Wenn ich nicht weiter weiß, nicht verstehe, wie die Dinge zusammen hängen oder mit meinem Arbeitsfortschritt unzufrieden bin, schreibe ich oft mit Bleistift auf Schmierpapier oder ich schreibe eine Mail an eine Kollegin (die ich dann meistens nicht abschicke) oder ich mache Doppelklammern in meiner Textdatei und schreibe darin, was mich stört, was ich nicht weiß, was mich nervt, was ich klären muss. Manchmal werden die Dinge auf diese Weise klarer und ich finde zu Lösungen und Entscheidungen.

Über die Arbeit sprechen. Als Studierende brauchen Sie nicht schon alles zu wissen und zu können. Und Sie müssen auch nicht für alles alleine eine Lösung finden. Mit anderen über die eigene Arbeit zu sprechen, auch über Unsicherheiten, Fragen und Blockaden, kann die Dinge wieder in den Fluss bringen. Verabreden Sie sich auf jeden Fall gelegentlich mit anderen Studierenden und erzählen Sie ihnen, wo Sie mit Ihrer Arbeit stehen und gegebenenfalls auch, wo es stockt. Im Sprechen werden Lösungsmöglichkeiten oft klarer. Vielleicht haben Ihre Gesprächspartner*innen Ideen, Vorschläge oder eigene Erfahrungen, von denen Sie profitieren können. Oder Sie suchen die Schreibberatung oder die MitLernZentrale auf, die es heute an vielen Universitäten gibt. Oder Sie gehen in die Sprechstunde zu Ihren Lehrenden. Wenn Sie Lehrenden beschreiben, was Sie bisher gemacht haben und vor welchen Fragen Sie gerade stehen, bekommen Sie vermutlich hilfreiche Antworten und Hinweise. Auch die zentrale Studienberatung kann eine geeignete Anlaufstelle sein, an die Sie sich mit Fragen oder Ängsten zum wissenschaftlichen Schreiben wenden können. Für Fragen zur Literaturrecherche und -beschaffung sind Bibliothekar*innen gute Ansprechpartner*innen.

Ein Letztes: Niemand schreibt aus dem Stand einen druckreifen wissenschaftlichen Text. Erwarten Sie bitte nicht von sich, auf Anhieb perfekt zu formulieren. Nähern Sie sich einer Fassung, die Sie abgeben werden, allmählich an. Spielen Sie mit Ihren Gliederungsentwürfen. Schreiben Sie eine rohe erste Fassung. Verbessern und überarbeiten Sie Ihre Entwürfe nach und nach. Erlauben Sie sich etwas auszuprobieren und sich zu interessieren. Haben Sie Spaß beim wissenschaftlichen Arbeiten und Schreiben!

19. Quellen- und Literaturverzeichnis

Aufgenommen sind alle Werke, auf die ich mich in diesem Buch explizit beziehe, außerdem solche, die mich inspiriert oder die mir Orientierung gegeben haben. Kapitel im Band von Budde/Freist/Günther-Arend und Beiträge in den Bänden von Goertz und Eibach/Lottes sind nicht einzeln ausgewiesen.

A) Quellen

Eines E. Raths der Stadt Naumburgk verneuerte Verlöbnueß=, Hochzeit= und Kleyder=Ordnung, Naumburgk/Jena 1662. Online unter www.zvdd.de/dms/load/met/?PPN=PPN620078383 (Abrufdatum 23.02.2021)

B) Literatur

Blickle, Peter, Das göttliche Recht der Bauern und die göttliche Gerechtigkeit der Reformatoren, in: Archiv für Kulturgeschichte 68 (1986), S. 351–369.

Brun, Georg/Gertrude Hirsch Hadorn, Textanalyse in den Wissenschaften. Inhalte und Argumente analysieren und verstehen, Zürich 2009.

Budde, Gunilla/Dagmar Freist/Hilke Günther-Arndt (Hg.), Geschichte. Studium – Wissenschaft – Beruf, Berlin 2008.

Donien, Jürgen, Art. „Hausväterliteratur“, in: Enzyklopädie der Neuzeit, Bd. 5, Stuttgart 2007, Sp. 254–256. Online unter http://dx.doi.org/10.1163/2352-0248_edn_SIM_278619 (Abrufdatum 27.04.2021)

Eibach, Joachim/Günther Lottes (Hg.), Kompass der Geschichtswissenschaft. Ein Handbuch, 2. Auflage Göttingen 2006.

Franck, Norbert, Fit fürs Studium. Erfolgreich reden, lesen, schreiben, 7. Auflage, München 2004.

Frank, Andrea/Stefanie Haacke/Swantje Lahm, Schlüsselkompetenzen: Schreiben in Studium und Beruf, 2. aktualisierte und erweiterte Auflage, Stuttgart 2013.

Goertz, Hans-Jürgen (Hg.), Geschichte. Ein Grundkurs, 3. revidierte und erweiterte Auflage, Hamburg 2007.

Herbst, Ludolf, Komplexität und Chaos. Grundzüge einer Theorie der Geschichte, München 2004.

Herz, Andreas, „... ma fatale destinée ...". Krisen- und Leidenserfahrungen Fürst Christians II. von Anhalt Bernburg (1599–1656) in seinen Tagebüchern und anderen Zeit- und Lebensdokumenten, in: Passion, Affekt und Leidenschaft in der frühen Neuzeit, Bd. 2, hg. v. Johann Anselm Steiger in Verbindung mit Ralf Georg Bogner u.a. (Wolfenbütteler Arbeiten zur Barockforschung 43), Wiesbaden 2005, S. 981–1035.

Horst, Carl, Art. „Herrschaft", in: Enzyklopädie der Neuzeit, Bd. 5, Stuttgart 2007, Sp. 399–416. Online unter http://dx.doi.org/10.1163/2352-0248_edn_COM_279871 (Abrufdatum 23.02.2021).

Kruse, Otto, Keine Angst vor dem leeren Blatt. Ohne Schreibblockaden durchs Studium, 12. völlig neu bearbeitete Auflage, Frankfurt/M. 2007.

Kruse, Otto/Gabriela Ruhmann, Prozessorientierte Schreibdidaktik: Eine Einführung, in: Otto Kruse/Katja Berger/Marianne Ulmi (Hg.), Prozessorientierte Schreibdidaktik. Schreibtraining für Schule, Studium und Beruf, Bern u.a. 2006, S. 13–35.

Landwehr, Achim, Absolutismus oder „gute Policey"? Anmerkungen zu einem Epochenkonzept, in: Lothar Schilling (Hg.), Absolutismus, ein unersetzliches Forschungskonzept? Eine deutsch-französische Bilanz, München 2008, S. 205–227.

Münch, Paul, Die ‚Obrigkeit im Vaterstand' – zu Definition und Kritik des ‚Landesvaters' während der Frühen Neuzeit, in: Daphnis. Zeitschrift für mittlere deutsche Literatur 11 (1982), S. 15–40.

Neumann, Friederike, How Does a Historian Read a Scholarly Text and How Do Students Learn to Do the Same?, in: David Ludvigsson/Alan Booth (Hg.), Enriching History Teaching and Learning. Challenges, Possibilities, Practice. Proceedings of the Linköping Conference on History Teaching and Learning in Higher Education, Linköping 2015, S. 67–83.

Oehlmann, Doina, Erfolgreich recherchieren – Geschichte, Berlin u.a. 2012.

Online-Hilfe „Fussnoten und Literaturverzeichnisse gestalten" auf den Seiten der Abteilung Geschichtswissenschaft der Universität Bielefeld: https://uni-bielefeld.de/fakultaeten/geschichtswissenschaft/studium/richtig-einsteigen/materialien/fussnoten-literatur/ (Abrufdatum 23.03.2021).

Pace, David/Joan Middendorf (Hg.), Decoding the Disciplines: Helping Students Learn Disciplinary Ways of Thinking (New Directions in Teaching and Learning, 98), San Francisco 2004.

Rienecker, Lotte, Research Questions and Academic Argumentation: Teaching Students How to Do It Using Formats and Model-Examples, in: Otto Kruse/Eva-Maria Jakobs/Gabriela Ruhmann (Hg.), Schlüsselkompetenz Schreiben. Konzepte, Methoden, Projekte für Schreibberatung und Schreibdidaktik an der Hochschule, 2. Auflage, Bielefeld 2003, S. 95–108.

Schulze, Winfried, Ego-Dokumente: Annäherungen an den Menschen in der Geschichte? Vorüberlegungen für die Tagung „Ego-Dokumente", in: ders. (Hg.), Ego-Dokumente. Annäherungen an den Menschen in der Geschichte (Selbstzeugnisse der Neuzeit. Quellen und Darstellungen zur Sozial- und Erfahrungsgeschichte 2), Berlin 1996, S. 11–30.

Scott, Joan, Gender: Eine nützliche Kategorie der historischen Analyse, in: Nancy Kaiser (Hg.), Selbst bewusst. Frauen in den USA, Leipzig 1994, S. 27–75. (Ersterscheinung unter dem Titel: Gender: A Useful Category of Historical Analysis, in: American Historical Review 91 (1986), S. 1053–1075).

Steinhoff, Torsten, Wissenschaftliche Textkompetenz. Sprachgebrauch und Schreibentwicklung in wissenschaftlichen Texten von Studenten und Experten, Tübingen 2007.

Weber, Max, Wirtschaft und Gesellschaft. Grundriss der verstehenden Soziologie, fünfte, revidierte Auflage, besorgt von Johannes Winkelmann, Tübingen 2005.

Wineburg, Sam, Teaching the Mind Good Habits, in: The Chronicle of Higher Education, Section: The Chronicle Review, vol. 49, issue 31, 2003, p: B20.

20. Dank

Viele Kolleg*innen, Tutor*innen und Studierende haben die Entstehung dieses Buches unterstützt. Sie haben Anregungen gegeben, Textteile gelesen oder über ihre Schreiberfahrungen berichtet. Insbesondere danke ich Andrea Bendlage, Diane Birschiminski, Julia Bonke, Jan Brademann, Jürgen Büschenfeld, Nils Cordes, Lars Deile, Roman Elenbogen, Stephan Fasold, Stefan Gorißen, Lena Gumpert, Stefanie Haacke, Veronika Hofer, Ceylan Igrek, Svenja Kaduk, Susan Krause, Claus Kröger, Swantje Lahm, Frank Meyhöfer, Jörg van Norden, Thomas Reuß, Peter Riedel, Daniel Siemens, Lara Stölting, Torsten Strulik und Thomas Welskopp. Ich widme dieses Büchlein der Erinnerung an Gisela Neumann, die sich darüber gefreut hätte.

Katja Günther

Selbstcoaching in der Wissenschaft

Wie das Schreiben gelingt

utb S

2020. 138 Seiten • Kart. • 13,00 € (D) • 13,40 € (A)

ISBN 978-3-8252-5369-1 • eISBN 978-3-8385-5369-6

Dieses Selbstcoaching-Buch lädt Wissenschaftler*innen ein, ihr Arbeiten und Schreiben in der Wissenschaft neu zu gestalten. Sie entdecken die Bedingungen ihrer individuellen Schreibproduktivität, erhalten konkrete Tipps und überprüfen den eigenen Arbeitsalltag mithilfe von Coachingfragen. So gelingt es, im anforderungsreichen Forschungsalltag mehr an Lebensqualität und Freiräumen zu gewinnen: für ein gutes und produktives Schreibleben.

www.utb-shop.de